穿越百年中国梦

吕章申题

国家出版基金项目
NATIONAL PUBLICATION FOUNDATION

顾　问：吕章申
主　编：陈履生
副主编：白云涛

穿越百年中国梦

戊戌喋血

写给孩子的"四史"学习教育读本

王　南◎著

SPM
南方传媒

新世纪出版社
·广州·

图书在版编目（CIP）数据

戊戌喋血 / 陈履生主编；王南著 . — 广州：新世纪出版社，
2017.12（2025.5 重印）

（穿越百年中国梦丛书）

ISBN 978-7-5583-0994-6

Ⅰ . ①戊… Ⅱ . ①陈… ②王… Ⅲ . ①戊戌变法—少年读物
Ⅳ . ① K256.509

中国版本图书馆 CIP 数据核字（2017）第 296897 号

出版人：陈志强		策 划：宁 伟
责任编辑：宁 伟		特约编辑：耿 谦
责任技编：王 维		责任校对：陈 雪
排版设计：大有图文		

戊戌喋血 WU XU DIEXUE

陈履生 / 主编 王 南 / 著

出版发行：SPM 南方传媒 新世纪出版社 （广州市大沙头四马路 10 号）

经 销：全国新华书店
印 刷：三河市嵩川印刷有限公司
规 格：880mm × 1230mm 1/32
印 张：3.75
字 数：53 千字
版 次：2017 年 12 月第 1 版
印 次：2025 年 5 月第 6 次印刷
定 价：39.00 元

如发现印装质量问题，影响阅读，请联系调换：
北京广版新世纪文化传媒有限公司
销售热线：010-65545429
[书中图片由中国国家博物馆提供]

VR融媒"四史"云课堂
"四史"学习就在我身边

目　录
contents

"穿越百年中国梦" 总序

　　2012年11月29日，党的十八大闭幕刚刚半个月，习近平总书记率新一届中央政治局常委，来到中国国家博物馆参观《复兴之路》基本陈列。

　　那天上午，习近平总书记一行轻车简从，9时许来到国家博物馆，进入《复兴之路》展厅参观。一件件实物，一幅幅照片，一张张图表，一段段视频，把大家带回到近代以来跌宕起伏、波澜壮阔的难忘岁月。在19世纪末列强割占领土、设立租借地、划分势力范围示意图前，在鸦片战争期间虎门抗英的大炮前，在反映辛亥革命的文物和照片前，在《共产党宣言》第一个中文全译本前，在中华人民共和国第一面五星红旗前，在党的十一届三中全会照片前，习近平总书记不时停下脚步，认真观看，详细询问相关历史背景和文物情况。

　　在参观过程中，习近平总书记发表了重要讲话。他说，《复兴之路》这个展览，回顾了中华民族的昨天，展示了中华民族的今天，宣示了中华民族的明天，给人以深刻教育和启

中国国家博物馆前馆长　吕章申

示。中华民族的昨天，可以说是"雄关漫道真如铁"。近代以后，中华民族遭受的苦难之重、付出的牺牲之大，在世界历史上都是罕见的。但是，中国人民从不屈服，不断奋起抗争，终于掌握了自己的命运，开始了建设自己国家的伟大进程，充分展示了以爱国主义为核心的伟大民族精神。中华民族的今天，正可谓"人间正道是沧桑"。改革开放以来，我们总结历史经验，不断艰辛探索，终于找到了实现中华民族伟大复兴的正确道路，取得了举世瞩目的成果。这条道路就是中国特色社会主义。中华民族的明天，可以说是"长风破浪会有时"。经过鸦片战争以来170多年的持续奋斗，中华民族伟大复兴展现出光明的前景。现在，我们比历史上任何时期都更接近中华民族伟大复兴的目标，比历史上任何时期都更有信心、有能力实现这个目标。讲到这里，总书记环顾大家，深情阐述"中国梦"。他说："现在，大家都在讨论中国梦，我以为，实现中华民族伟大复兴，就是中华民族近代以来最伟大的梦想。这个梦想，

凝聚了几代中国人的夙愿，体现了中华民族和中国人民的整体利益，是每一个中华儿女的共同期盼。""实现中华民族伟大复兴是一项光荣而艰巨的事业，需要一代又一代中国人共同为之努力。"总书记最后强调："我坚信，到中国共产党成立100年时全面建成小康社会的目标一定能实现，到新中国成立100年时建成富强民主文明和谐的社会主义现代化国家的目标一定能实现，中华民族伟大复兴的梦想一定能实现。"

我有幸全程陪同习近平总书记参观，为总书记一行讲解展览，并现场聆听习近平总书记关于"中国梦"的重要讲话，感受颇深，终生难忘。习近平总书记提出实现中华民族伟大复兴的"中国梦"，是时代的最强音，凝聚了全球中华儿女的心，成为激励中华儿女团结奋进、实现中华民族伟大复兴的一面精神旗帜。

《复兴之路》基本陈列回顾了1840年鸦片战争以来100多年间，陷入半殖民地半封建社会深渊的中国各阶层人民，在屈辱和苦难中奋起抗争，为实现民族复兴进行的种种探索，特别是中国共产党领导各族人民争取民族独立、人民解放、国家富强、人民幸福的光辉历程。习近平总书记参观《复兴之路》并提出实现中华民族伟大复兴的中国梦命题后，中央国家机关、部队、企事业单位、社区街道、社会团体、学校等纷纷来到中国国家博物馆，沿着习近平总书记的足迹，参观《复兴之路》展览。《复兴之路》展览成为爱国主义教育的重要课堂。

2014 年，习近平总书记在有关讲话和批示中指出："历史是最好的教科书"，"让文物说话、把历史智慧告诉人们，激发我们的民族自豪感和自信心，坚定全体人民振兴中华、实现中国梦的信心和决心"。中国国家博物馆和广东新世纪出版社有限公司落实习近平总书记的指示，以《复兴之路》基本陈列为基础，经过 3 年多艰苦工作，编写和出版了这套"穿越百年中国梦"丛书。组织和参与编写这套丛书的同志，大多数参加了《复兴之路》展览的内容设计和布展工作，有的还现场聆听了习近平总书记关于"中国梦"的重要讲话。他们对《复兴之路》基本陈列不但理解深刻，而且怀有深厚感情。

习近平总书记指出："中国梦归根到底是人民的梦"，"有梦想，有机会，有奋斗，一切美好的东西都能够创造出来"。习近平总书记希望广大青少年要勇敢肩负起时代赋予的重任，志存高远，脚踏实地，努力在实现中华民族伟大复兴的中国梦的生动实践中放飞青春梦想。

我相信，这套丛书的重印出版，对广大青少年牢记习近平总书记"不忘初心"的嘱托，更好地开展党史学习教育，增强实现中华民族伟大复兴中国梦的责任感，一定会起到促进作用。

吕章申

前　言

中国现代史学会会长　郭德宏

中华民族是一个有着自己梦想，特别是美好社会理想的民族。

两千多年前，我们的古圣先贤，就有"小康"和"大同"的社会理想。那时的"小康"理想，就是家家丰衣足食，人人遵守礼仪，互相谦让。那时的"大同"理想，就是天下人如同一家人，家家幸福，人人愉快，"路不拾遗，夜不闭户"。由于历代封建统治者都不代表广大人民群众的利益，古圣先贤"小康"和"大同"的社会理想都没有实现。

勤劳智慧的中国人民，创造了光辉灿烂的古代文明：强盛的汉代，繁荣的唐代，辽阔的元代，清初的盛世。那时，与世界上其他大多数国家和地区相比，中国富饶、强盛、文明、进步。用现代语言表述，那时的中国是"发达国家"，其他那些国家和地区则是"发展中国家"。然而，由于帝国主义入侵和封建主义统治腐败，中国落后了。从1840年鸦片战争中国战败到19世纪末，中国逐渐沦为半殖民地半封建社会，陷入将要亡国灭种的深渊。

从1840年鸦片战争开始，当时一些思想先进的中国人就在寻求救国救民之道。林则徐、魏源开眼看世界，地主阶级的洋务运动，资产阶级维新派的戊戌变法，都试图在不根本触动封建统治的前提下富国强兵，但是都失败了。1894年孙中山创立革命团体兴中会，首次提出"振兴中华"口号。1902年康有为完成《大同书》的写作，期望中国实现古圣先贤所憧憬的大同世界。1902年梁启超发表《新中国未来记》，1904年蔡元培发表《新年梦》，都憧憬中华复兴，雄立世界。近代以来，每一个中国人都满怀着复兴中国、振兴中华的梦想。但在半殖民地半封建社会的旧中国，中国人民的这一梦想不但没有实现，反而遭受着越来越严重的民族苦难。

1921年，伟大的中国共产党成立，超越古圣先贤"小康"和"大同"的社会理想，提出了夺取反帝反封建胜利、建立人民当家做主的政权、最终实现人类最美好最理想的共产主义社会的奋斗目标。中国共产党肩负起民族独立、人民解放的历史重任，领导中国人民，经过浴血奋战，于1949年建立了人民当家做主的中华人民共和国。新中国成立，是中华民族由衰落走向强盛的历史转折点，开启了中华民族伟大复兴的新纪元。

中华人民共和国成立后，毛泽东、周恩来等老一辈革命家，领导全国各族人民为实现国家富强、人民共同富裕的新的历史任务而奋斗。在党的领导下，中国确立了社会主义基本制度，成功实现中国历史上最伟大最深刻的社会变革，为中华民族的伟大复兴奠定了制度基础。与此同时，中国共产党领导全国人民进行大规模经济建设和文化建设，取得了旧中国几百年几千年所没有取得的成就，为实现中华民族伟大复兴奠定了基本的物质基础。

1978年改革开放以来，以邓小平、江泽民、胡锦涛同志为主要代表的中国共产党人，全面推进社会主义现代化建设。神州大地，生机勃发。2010 年，中国国内生产总值（GDP）达 40 万亿元，成为仅次于美国的世界第二大经济体，并一直保持至今。伴随着各方面的迅猛发展，中国迅速走向繁荣，国际地位不断提高，国际影响力日益扩大。中国步入世界强国之列，为实现中华民族伟大复兴创造了现实条件。

2012 年 11 月 29 日，习近平总书记率新一届中央政治局常委参观中国国家博物馆《复兴之路》基本陈列。习近平总书记在这里向全世界宣示"中国梦"，重申"两个一百年奋斗目标"，既是中国共产党对全国人民的郑重承诺，是党和国家面向未来的政治宣言，也是中华民族伟大复兴的总动员。中国的伟大发展，又一次站在新的历史起点上；中华民族的伟大复兴，揭开了历史新篇章。

以习近平同志为核心的党中央，"不负重托，不辱使命"，在实现中华民族伟大复兴中国梦的推动下，国民经济继续稳步发展，中国的国际地位更加提高，国际影响力更加扩大。我们现在比历史上的任何时期都更加接近中华民族伟大复兴这个目标，我们现在比历史上任何时期都有信心、有能力实现这个目标。

中国梦连接着过去与现在、历史与未来，连接着国家与个人、中国与世界。拥有五千多年文明历史的中华民族，曾经创造了辉煌的古代文明，走在世界前列，为人类社会发展做出了巨大的贡献。今天，中华民族的伟大复兴，不仅造福中国人民，而且造福世界人民。已经步入世界发展中大国的中国，理应承担起大国责任，对人类社会的发展进步，做出更大的贡献。

"穿越百年中国梦"丛书回顾了 1840 年鸦片战争以来一百多年间，陷入半殖民地半封建社会深渊的中国各阶层人民，在屈辱和苦难中奋起抗争，为实现民族复兴进行的种种探索，特别是回顾了中国共产党领导全国各族人民争取民族独立、人民解放、国家富强、人民幸福的光辉历程。这套丛书深刻揭示了历史和人民为什么和怎样选择了马克思主义，选择了中国共产党，选择了社会主义道路，选择了改革开放；深刻揭示了历史和人民为什么必须始终坚持高举中国特色社会主义伟大旗帜不动摇，坚持中国特色社会主义道路不动摇；昭示出没有共产党就没有新中国，就没有中国特色社会主义，只有社会主义才能救中国，只有改革开放才能发展中国、发展社会主义、发展马克思主义。

我相信，这套丛书的重印出版，能够使广大青少年读者更加深入地了解中华民族近代以来反对外来侵略史、人民解放的抗争史，了解中国共产党领导全国各族人民为中华民族伟大复兴而奋斗的创业史和改革开放史，为实现国家富强、民族振兴、人民幸福的中华民族伟大复兴的中国梦，夺取新时代中国特色社会主义伟大胜利，提供令人振奋的精神动力。

郭德宏

　　戊戌变法又称维新变法，是 1898 年（农历戊戌年）由康有为等改良主义者发起、由清朝光绪皇帝领导的一次短暂的政治改革运动。在百余日内，光绪帝根据康有为等人的建议，先后颁布了几十道新政诏令，内容涵盖政治、军事、经济、金融、文化、教育、交通、通信等诸多层面，其最终目标是推行君主立宪制。由于各种原

戊戌喋血

因，戊戌变法只进行了 103 天，就遭到以慈禧太后为首的守旧派强烈反对和破坏，光绪帝被囚，康有为逃亡，其他改良人士或逃、或死、或贬，中国失去了一大批主张在当时体制内进行温和改良的精英和支持者，代之而起的是主张激烈变革、推翻原有制度和政府的革命者。清朝失去了最后的机会，覆亡在即。

第一章
民族危机加深

1. 甲午奇耻

戊戌是什么意思？戊戌变法又是怎么回事？

戊戌是我国古代干支纪年法中的一个年份，1898年就属于戊戌年，所以历史学家们把这一年里发生的维新变法事件叫作"戊戌变法"。

为什么会发生戊戌变法呢？这还得从甲午奇耻说起。

甲午奇耻，简单说来就是在 1894 年 7 月至 1895 年 4 月，清政府与日本发生了一场大战，因 1984 年是农历甲午年，所以称"甲午战争"。由于当时清朝政府有一支曾经称雄亚洲的海军——北洋水师，却没能战胜小小的岛国日本，反倒在甲午战争中全军覆没，这在中国几千年的历史上也不多见，是中华民族的大劫难，绝对称得上奇耻大辱。

在此之前，日本曾经对中国各方面都比较崇拜，中国相当于日本的师傅。现在徒弟打败了师傅不说，师傅的军舰还大多是从先进的欧洲购买的，偌大的中国，加上先进的欧洲战舰，依然战败于日本，这令当时大多数中国人——上自皇帝，下到百姓——都无法接受。

为什么自命"天朝"的堂堂大国，会败给小小的日本？主要原因在于清政府腐败无能、保守避战。

日本方面，在经过了1868—1889年的"明治维新"后，整个社会发生了重大变革。短短20余年，日本在政治、经济和社会等方面进行了大规模改革，促进了日本的现代化。日本迅速发展、强大起来，其早已有之的妄想称霸亚洲甚至世界的野心也随之急剧膨胀，便毫不犹豫地走上了对外扩张的侵略道路。

甲午战争中发生了许多战役，其中最著名的就是黄海海战。在这场战争中，广大爱国将士浴血奋战，涌现出了像邓世昌、丁汝昌、刘步蟾、林永升、左宝贵、徐邦道等一批英勇作战、视死如归的民族英雄，他们的壮举可敬、可钦、可佩，早已书写进中华民族历史的长卷；当然也有像吴敬荣、叶志超、卫汝贵这样的贪生怕死、临阵脱逃之人，他们的丑行可恨、可憎、可恶，早已被钉在了历史的耻辱柱上。这次战败，从本质上说，主要还是证明了"落后就要挨打"这一颠扑不破的道理。

《马关条约》签署会场

甲午战争的最后结果，是两国于 1895 年 4 月签订了《马关条约》，清朝主要签约人是钦差头等全权大臣、直隶总督李鸿章，日方主要签约人是全权代表、总理大臣伊藤博文。这个条约的主要内容有：

民族英雄邓世昌

（1）承认朝鲜独立；

（2）割让台湾全岛、辽东半岛等岛屿给日本；

（3）赔偿日本白银 2 亿两；

（4）开放重庆等城市为通商口岸，日本可以在这些城市设领事馆；

（5）日本可以在这些城市办工厂，所生产的产品一律免税。

《马关条约》的这些内容对中国人民来说，不仅严重地丧权辱国，也大大加深了中国的民族危机，从而激起了全中国广大爱国民众的强烈愤慨。

历史掌故

日本的"小动作"

1895 年 4 月 17 日，清朝在甲午战争中惨败后，便派李鸿章等人与日本签署了丧权辱国的《马关条约》。

此前，日本已经为发动并打赢这场战争准备了 20 年，在战争前十余年，就已派出间谍混入中国。签约前后，为羞辱中国，夺取最大利益，日方又搞了许多小动作：比如故意将中方代表的椅子腿锯短一截，这样中国代表看起来便比身材矮小的日本代表低一头，更无气势；再如特意给李鸿章的座位旁准备了一个痰盂和一只取暖的炭火盆，看上去是细心，实则暗示大清帝国垂垂老矣。

相关谈判总共进行了六轮，在第三轮结束后，李鸿章还遭到了日本人的刺杀，面部中弹，血染衣衫。消息传开，日本政府处境很不利：一来李鸿章可能因此借机中断谈判，或者清廷另派强硬派官员来日谈判；二来日本担心西方列强趁机插手干涉。为安抚李鸿章，日本天皇睦仁特派专使与军医赴马关慰问，并赐予他日本皇后御制的绷带……更为重要的是，日本利用中国方面的疏失，破译了中国的密码，从而掌握了中国使馆与国内的全部通讯，摸清了中方底牌，进而施加压力，使李鸿章等中方代表在谈判中愈加被动。

2. 公车上书

"公车"一词起源于汉代,原意是指古代皇家派去接送应试的举人的车马,后来人们就把"公车"当作了举人的代称。

甲午战败和《马关条约》签订的消息传遍华夏大地后,一时间全民为之激愤。在爱国民众当中,又首推当时知识分子阶层中的举人反响最为强烈,其中以康有为、梁启超师生尤为突出。

康有为是广东南海人,后来人们称他为"南海先生"。他出身书香门第,广泛阅读过中外书籍,学识渊博,曾在广州办过长兴学舍和万木草堂进行讲学,宣传维新变法思想,著有《孔子改制考》《新学伪经考》和《人类公理》(即《大同书》)等名著。

前两本书是为变法制造舆论。后一本书则提出了自己的改革理想,书中对人类历史的进程提出了一个公式:从据乱世进入升平世,未来将实现太平世,也就是大同世。康有为在书中描绘说,未来的人类社会是"大同之世，天下为公，无有阶级，一切平等"的"极乐世界"。

梁启超是广东新会人，聪颖过人，少年时代就被誉为神童，名播乡里，17岁中举人。后来，他成为康有为的学生，协助康有为办学办报，也是维新变法的重要人物。梁启超才华横溢，文笔极佳，变法期间许多重要的名篇佳作都出自他的手笔。

1895年4月17日，《马关条约》在日本马关的春帆楼正式签订。与此同时，康有为、梁启超师生和许多来自各省的举人正云集北京，准备参加决定他们命运的科举考试。在获知《马关条约》的内容后，满腔激愤的康有为当即让梁启超等弟子分头联络各省举人，联合上书清廷，请求清政府拒绝日本的议和条件。

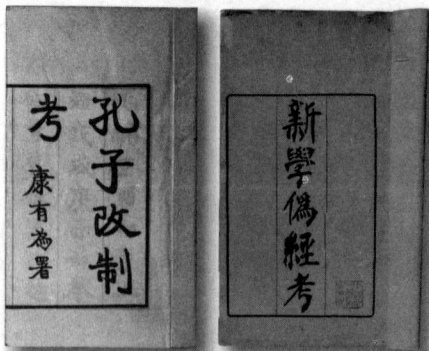

梁启超率先联络了100多名广东举人，听到消息的数十名湖南举人也来联络

康有为所著《孔子改制考》和《新学伪经考》

他们，于是大家联名上书朝廷，坚决反对割让台湾。然而，昏庸的清朝官员并没有把他们的上书呈递给光绪皇帝。

尽管如此，这次上书也犹如一石激起千层浪，在民间引发了极大反响，激发了更多举人的爱国热情。此后，福

康有为

建、四川、江西、贵州、江苏、湖北、陕甘、广西、直隶、山东、山西、河南、云南等省的举人争相效法，上书清廷。

台湾籍的举人更是在官府门前捶胸顿足，啼泣请命，沉痛地向朝廷述说台湾民众正朝着京师痛哭，请求清政府不要抛弃台湾，不要让台湾民众成为大清王朝的弃儿，面对此情此景，康有为记述说"闻者莫不哀之"。

看到中国人民空前高涨的爱国热情，康有为感到民心可用，也意识到有必要再发动一次更大规模的请愿活动，希望以此促使当政者觉悟。5月1日，在康有为的

联络下，全国 18 个省的 1 300 多名举人汇聚到北京宣武门外达智桥胡同松筠庵。

这里曾是明代著名爱国人士、曾极力弹劾奸相严嵩的贤臣杨继盛的故居。杨继盛有传世名句："铁肩担道义，辣手著文章。"举人们正好继承先贤遗志，在这里讨论再次上书，请求清朝政府拒和、迁都、练兵、变法。

康有为亲自起草上书，他仅用 1 天 2 夜的时间，就

"公车上书"起草地松筠庵

撰写好了 18 000 字的请愿书，并由梁启超等弟子连日抄写 1 000 多份，广泛散发，极大地震撼了朝廷内外。

在请愿书中，康有为指出了割让台湾将会引发列强瓜分中国的危险，进而导致亡国的命运。怎样才能避免这种悲剧呢？

康有为提出了 4 项解决方案。

（1）下诏鼓天下之气。康有为在请愿书中请求光绪皇帝下三道诏书，一是罪己诏，承担战败的主要责任，以此激励人民，共雪国耻；二是明罚诏，倡导赏罚严明，严惩无能官吏，提拔有为官员；三是求才诏，广泛招揽人才，保卫国家。

（2）迁都定天下之本。迁都在当时是个热门话题，许多人都在议论。康有为也深信在辽东半岛被日本占领后，拱卫京师的屏障已丧失。他认为，首都内迁，有利于将士和敌人放手作战，即使国土毁于战火也不会影响大局，所以只有尽快迁都西安，才是缓解当时危机的最好方法。

（3）练兵强天下之势。中国战败的原因虽说比较复杂，但康有为认为主要是军事上落后造成的。于是他建议撤换老朽愚昧的将领，由年轻有为的新将领带兵。同时，向西方购买新式武器，解决中国武器落后的现实问题，这样才能立于不败之地。

（4）变法成天下之治。面对列强的侵略，中国处在几千年来最严重的危局之中，康有为认为前3项方案都只是解决眼前危机的临时性措施，不是强国的根本办法。只有在社会的各个领域进行全面的变法，才是最重要的，才能挽救中国。

因为这份上书是由各省举人共同签名的，所以史称"公车上书"。

这样大规模的举人请愿，在清朝200多年的历史上还是第一次，对主张议和的投降派是个极大的冲击。因此，他们不仅派人威胁参与请愿的举人，逼迫一些举人退出；还勾结权宦李莲英，由他去说服慈禧太后，迫使光绪皇帝尽快批准条约，造成无法改变的事实，最终导致"公车上书"的失败。

3. 瓜分狂潮

甲午战败和《马关条约》的签订给当时中国造成了巨大伤害，而"公车上书"并没能解决实际问题。随后，帝国主义列强又掀起了瓜分中国的狂潮，真是旧恨未消，又添新仇。

《马关条约》签订后，俄、德、法三国曾为自己的私利联合反对日本侵占中国的辽东半岛，迫使日本把辽东半岛归还给了中国，但是三国同时也强迫清政府赔偿了日本3 000万两白银的"赎辽"费。

德国还以干涉还辽有功，可是没有得到什么利益为由，率先向清廷提出了无理要求。它借口在中国还没有租界，干什么都很不方便，所以"希望"清政府考虑在合适的地区为德国建立租界。

为了"感谢"德国，清政府先后在汉口、天津给德国划出了租界范围。然而，贪得无厌的德国还想在中国拥有一个军事基地，于是，又多次向清政府提出租借军港的要求，但都被清廷婉言拒绝。

恼羞成怒的德国下决心强占中国的军港。它看中了胶州湾，也就是位于山东半岛南部的海湾，认为此处条件优越，占领它有利于德国扩大在中国的势力，于是刻

历史掌故

胶州湾事件

德国虽然是个后起的资本主义强国，但它在与列强争夺全球殖民地方面表现得劲头十足，手段也更为蛮横。为了在清末瓜分中国的狂潮中拨得头筹，从1860年到1872年，德国著名地质、地貌学家斐迪南·冯·李希霍芬在先后8次来华进行考察后，建议德国占领胶州湾：首先，胶州交通方便，有广阔的发展余地；其次，山东有位置优越、品质良好的煤田；再次，中国有无穷伟大、非常便宜和智慧的劳动力。后来，不断来华窥视的德国侵略分子们又总结出包括冬季不冻在内的胶州湾7大优点，并暗中做好了各项准备，只等"巨野教案"之类的借口，便可趁机发动。教案事件发生后，清政府虽及时命令地方政府迅速捕捉凶手，以防事态扩大，然而无济于事，图谋胶州湾已久的德国人最终兵不血刃地占领了胶州湾及附近海岛。从此，胶州湾沦入德国之手，直至1914年第一次世界大战爆发，日本借口对德宣战而强行占领，前后共17年。

谢缵泰创作的表现帝国主义列强瓜分中国的《时局图》

意寻找侵略中国的机会。

　　1897 年 11 月，两个德国神父在山东曹州巨野县枪杀中国人，被当地民间武术团体"大刀会"处决，史称"巨野教案"。

　　德国皇帝闻知此事后，并没有对这两个神父的死感到悲伤。相反，他认为这是侵占胶州湾的大好时机，于是狂妄叫嚣要"采取严重报复手段"，"以极野蛮的手段对付华人"，同时立即下令原驻扎在上海吴淞口的德国军舰开赴胶州湾，不惜代价，强行占领。

　　德军到达胶州湾后，随即抢占了各山头高地，并向清军发出最后通牒，要求清军撤兵。清政府明知德军是借口教案事件蓄意挑衅，但因为害怕扩大事端，就命令清军主动撤退，德军很快就占领了胶州湾一带，这就是

"胶州湾危机"。

由于清政府派出处理这次危机的朝臣正是光绪皇帝的老师翁同龢，而结果不尽人意，因此为日后翁同龢失宠于光绪皇帝埋下了伏笔。

面对新的危机，清政府首脑慈禧太后和重臣李鸿章对俄国抱有幻想，因而想利用俄国来抗衡德国，于是李鸿章就去找俄国人商谈，结果上演了一场引狼入室的历史丑剧。

在充满明争暗斗、尔虞我诈、肮脏交易的外交过程中，列强采用欺骗、威逼、强取豪夺等手段，分别从中国获取了更多的利益，完成了对中国的瓜分：

俄国强行租借我国的旅顺与大连，并把整个东北纳入其势力范围；

德国不仅完成对胶州湾的正式占领，而且进一步把势力扩大到了山东全省；

英国则将长江流域控制在手，还从日本手中接管了威海卫；

法国则掌控了西南地区的云南、广西、广东3省；

日本则把福建收入囊中。

偌大的中国只剩北京和西北边疆地区由清政府管辖。事实又一次有力地说明了什么叫"弱国无外交"，帝国主义强权之下的中国，只能任人宰割。

这时的中国已经处于康有为所说的"瓜分豆剖，渐露机芽"和"揭竿斩木，已可忧危"的状态之中了。变法自救，革新图强，已经迫在眉睫。

1. 康有为上书

康有为不仅是一位博古通今、学贯中西的布衣学者，而且是一个胸怀救国大志的爱国知识分子。早在 1888 年他第二次到北京参加乡试时，由于机缘巧合，便开始了他的政治生涯。

这一年光绪皇帝满 18 岁。6 月，实行垂帘听政的慈禧太后发布上谕，宣布经过几年的学习和锻炼，年轻的皇帝已经可以亲自处理国家大事了，表示准备在第二年皇帝完婚后就把权力交给他，历史上称为"撤帘归政"。当然，这只不过是名义上的，实际上慈禧仍将掌握实权。

当听到国家大权将要和平交接的消息后，时年 30 岁的康有为和其他年轻知识分子一样，心中充满了兴奋和激动，从而萌发了上书朝廷的想法。

那时的康有为怀抱忧国忧民的心情，特别是想到，20 多年的洋务运动并没能使中国真正强大起来，中国的大国地位反倒每况愈下，如果不在未来的几年里尽快变法，中国还可能继续沦为东亚弱国。因此，他在 1888 年 11 月就曾上书清廷高官、光绪皇帝的老师翁同龢等人，表达了对时局的看法，阐述了中国所面临危险的严重性，主张效法西方国家，尽快变法，实行改革。

他提出了 3 点建议：改变现有的法律、法规；了解社会实际情况；慎重选拔官员。

按照清朝的规定，四品以下的官员上奏折，应由更高级的官员代奏，或者通过清王朝的最高建议机关都察院代呈皇帝。可康有为是一介平民，根本没资格上书皇帝。他只能通过一些官员代为转奏，然而费尽周折，官员们不是不愿出力，就是怕担风险，所以康有为的上书最终未能送到光绪皇帝手中。

他的长达万言的上书、一番辛苦努力和满腔热血豪情，都只能付之东流。自比卧龙诸葛亮的康有为，当即心灰意冷，遂于1889年离开北京，返回广东老家。

到《马关条约》签订后，康有为发起了前面说过的"公车上书"，那是他的第二次上书，同样以失败告终。但这次的失败并没有让康有为像第一次失败那样垂头丧气，因为此时的康有为在民众中已经有了较大影响，和官员的交往也更广泛，而甲午奇耻和《马关条约》的刺激，也增强了康有为变法图强的勇气和信心。所以，这次他没有再沉默，而是迅速开始了第三次上书。

在长达13 000字的上书中，康有为除了重新强调了"公车上书"的一些内容外，还补充和发挥了"公车上书"中没有谈及的一些想法。最重要的是，这次他谈到了练兵，同时提出了6项具体措施。认为只要按他的方法做，水路齐练，以中国的地大物博，未来到南洋饮马、到欧州练兵也不是难事！

康有为以为，要使中国再造辉煌并不难，只要做到选贤任能，不拘一格用人才，遍访贤人，合理使用即可。

最为关键的是皇帝要保持清醒头脑，要认清当前中国所处的局面，要善于学习古代圣贤的治国教导，还要善于借鉴近代俄国变革则昌盛、土耳其不变革则败亡正反两方面的经验教训，破除旧习，厉行改革，这样就能使中国重新走上光明道路。

《应诏统筹全局折》

在当时的清朝官员中，虽然不少人依旧浑浑噩噩，不思进取，但是也已有不少人看到了中国必须经过变革才可能有出路，其中就包括光绪皇帝和他的老师翁同龢。所以当翁同龢读到康有为的上书后，就立即亲自会见了康有为并进行了畅谈。谈毕，翁同龢对康有为的见解深表赞赏。帝党领袖和维新领袖就此结成联盟，为维新变法打下了较好的基础。

随后，康有为的上书也由都察院送到了光绪皇帝手里，光绪皇帝也被康有为的建议深深吸引。与此同时，翁同龢又向光绪皇帝密报了自己和康有为会面的经过，并劝说他利用康有为这样的新派人物加强自己的力量，推行改革。光绪皇帝因而也有意把康有为招纳到自己麾下，为己所用。

康有为知道自己的上书已经呈给皇帝后，非常兴奋和激动，于是又撰写了第四份上书。第四次上书虽然有一些好的建议，但遗憾的是，由于官场情况复杂，第四次上书也没能送交光绪皇帝，所以没能起到任何作用。不过，在康有为的影响下，上书皇帝请求变革的风气已逐渐形成，这为变法的开展创造了良好条件。

在西方列强瓜分中国的浪潮中，康有为又曾先后两次上书光绪皇帝，即第五、第六次上书。第四次上书没起任何作用，但康有为并不气馁，他于1897年12月又向清廷呈递了《上清帝第五书》。

第五次上书依然未能上达光绪皇帝。不过，总算有欣赏书中内容的官员向光绪皇帝进行了介绍，希望皇帝能够召见康有为，当面听取康有为的全面变法主张。

这时的光绪皇帝也正在为如何进行整体改革而苦恼，

所以在听到有关康有为的介绍后，可能是康有为所说的
"如不采纳他的意见，将来国破家亡，皇上即使想当个普
通百姓也是不可能的"话刺激了光绪皇帝，康有为还把
明朝末年崇祯皇帝自缢煤山的历史旧事重提以作警示，
光绪皇帝便同意了召见康有为。

但恭亲王奕䜣以清朝的礼仪传统不允许皇帝召见平
民为由，阻止了光绪皇帝的做法。于是便改用先由大臣
们和康有为对话，然后再向皇帝汇报的方式召见康有为。

尽管在这次对话中，大多数官员都觉得康有为过于
"狂妄"，可是，康有为确实给他们留下了深刻印象。在
翁同龢向光绪皇帝汇报了对话情况后，光绪皇帝立即决
定召见康有为。可恭亲王奕䜣又一次站出来阻挠，并建
议由康有为把想法主张用书面形式递呈给皇帝，如果确
有价值，再召见不迟。

于是，翁同龢受光绪皇帝之命，再次亲自拜访了康
有为，转述了光绪皇帝的要求，并说服本已打算离京的
康有为再次奋笔疾书，赶写出了维新变法时期的纲领性
文件《上清帝第六书》，也就是现在通常说的《应诏统筹

全局折》。这份上书在后来的维新变法活动中发挥了重要作用。

在上书中，对于中国的变革，康有为提出了著名的论断："能变则全，不变则亡；全变则强，小变仍亡。"意思就是说，只要能进行变革，就能保全中国，不变革，中国就会亡国；如果全面变革，中国就会强大，只进行小的变革，中国还是会亡国。

在书中，康有为旁征博引，再次强调仿照俄国、日本进行全面改革的必要性，请求皇帝：下诏书、定国是，坚定百官维新变法的信心，广泛听取社会意见，广泛采纳各国好的办法；允许百姓上书，提出对国家大事的建议，建议中有可取的内容，皇帝或者有关官员可以召见，量才录用；设立专门机构——制度局，取代旧的政府机构，由贤臣能人管理，对全国的改革做统一规划。

光绪皇帝看到《应诏统筹全局折》后，非常欣赏康有为的建议。他毫不掩饰自己的喜悦情绪，并对上书批阅道："对各国情况更了解了，变法的决心更坚定了。"后来，康有为还先后撰写了《上清帝第七书》《俄彼得变政记》，继续请求光绪皇帝全面变法。

可是，事情的发展并不那么顺利。一些守旧势力始终强烈反对康有为的主张，认定改革会侵犯他们的利益，还污蔑康有为要求变革是为了夺权，改变自己没有权力的现状。

当时的光绪皇帝也还没有真正掌握实权，无法立即宣布变法，直到几个月后恭亲王奕䜣病故，局面才出现了有利于维新派的转机。而康有为则趁此良机，再次上呈《请定国是和明赏罚折》，催请清廷尽快变法。

2. 创办《中外纪闻》

报纸在今天是很普通平常的东西，可是在戊戌变法时它还是新生事物，特别是民间办报。康有为等人为了变法图强，在当时已认识到必须创办自己的报纸，以宣传西方的先进思想和科技知识。

1895年8月，康有为、陈炽等人在北京创办了《万国公报》，报纸的名称和当时外国人办的已经很有名气的

《万国公报》相同，目的就是尽快扩大报纸的影响。这份报纸最初采用免费赠阅的方法，每天赠送 1 000 份给朝廷里的大臣和高级知识分子。经过两个月的时间，认识到变法重要性的人已越来越多，变法思想得到了进一步扩散。

《万国公报》是康有为、梁启超等维新派在北京发行的第一份有影响力的报纸。报纸上的文章大多转载自别

人物故事

陈炽

陈炽是江西瑞金人，自幼有"神童"之称。他 19 岁参加省试，以优异成绩被保送入京，次年进入仕途，官至军机处章京。陈炽曾遍游中国沿海，并考察香港、澳门，致力于经济学的研究，主张学习西方以求自强，有名著《庸书》和《续国富策》传世，也曾参与郑观应的名著《盛世危言》的审订，并为其写序。1895 年，他与康有为在北京先后创办了《万国公报》与强学会，力主变法。1898 年，戊戌变法失败，康有为、梁启超、谭嗣同等维新志士或逃亡，或被杀，或被排挤出权力中心。维新事业化作泡影，陈炽愤慨不已，时而高歌，时而痛哭，如痴如狂，于两年后病逝，年仅 45 岁。

的报纸，有的文章则出自康
有为的学生梁启超、麦孟华
等人的手笔。

梁启超

　　这些文章主要介绍了西
方先进国家使国家富强、培
养人民、教育人民的方法，
包括开矿、铸银、制机器、
造轮船、筑铁路、办邮政、
立学堂、设报馆等内容，基本上是康有为在《上清帝书》
中提到的那些变法的主张。该报刊发的重要文章先后有
《地球万国说》《地球万国兵制》《学校说》《铁路便行旅
说》《农器说略》《报馆考略》等。

　　《万国公报》对新思想、新知识的宣传，吸引了新知
识分子，唤起了他们的爱国热情，但同时也受到了守旧
势力的反对和压制。在他们得知报纸乃是康有为、梁启
超等人所办后，便拒绝接受赠送，甚至对送报人怒目相
视。送报人害怕惹祸上身，即使付给他们高额酬金，也
不敢再送。在巨大压力下，《万国公报》在连续推出了

45 版后，便被迫停刊。

就在这段时间内，康有为因故离开了北京。但是，梁启超等康有为的学生们并没有畏难而退，他们经过一段时间的准备、调整，把停刊的《万国公报》改名为《中外纪闻》，于 1895 年 12 月在北京继续出版。

《中外纪闻》一方面保持了《万国公报》的一些基本内容，另一方面在编辑技术、栏目设置以及内容篇幅上做了很大改进。同时它还改变了《万国公报》免费赠送的做法，只在重新发行的前 10 天继续赠送，后来便全部改为订阅或购阅。除在北京发行外，《中外纪闻》还寄往外地出售。

《中外纪闻》继续译载外国报纸的文章、知识，也刊登一些比较重要的文章，同时发表自己的论述。在转载文章后面，多附有简短论述，启发读者思考。但由于该报仍然起着宣传维新变法的作用，冲击着守旧势力的顽固

梁启超曾使用过的墨盒

意识，因此没能避免他们的嫉恨。

1896 年 1 月，总共出版了 18 期的《中外纪闻》和强学会一道被清政府查封。

3.《时务报》和《国闻报》

《中外纪闻》被查封后，维新派又相继创办了一些报纸，其中最为著名、影响最大的当属《时务报》和《国闻报》。

《时务报》最初是由一个叫汪康年的人发起创办的，此人也具有维新思想。汪康年的想法得到了同样有维新思想的黄遵宪的支持，于是汪康年打电报催促在北京的梁启超尽快来上海帮助办报。梁启超也积极回应，表示将大力支持，他稍做准备便离开北京，赶赴上海，加入了时务报馆。

梁启超到上海后，经汪康年介绍又认识了黄遵宪，于是 3 个有共同追求的人一起谋划办报。他们各抒己见，汪康年按照自己的思路主张多翻译外国文章，把《时务报》办成"译报",梁启超则认为应该在报纸的内容里增加论说性的文章。

经过一番探讨,他们最后采纳了黄遵宪的折中意见,可以增加论说文,但不能有太多的讽刺文字,以免重蹈《中外纪闻》的覆辙。

1896年8月9日,《时务报》在上海正式发行,汪康年为总理,梁启超为主笔。这张报纸内容多样,其中最有看头的是梁启超撰写的论述,他那新颖独特的议论、通俗浅显的文字、富于情感的文笔,吸引和打动了大量读者,令《时务报》的影响剧增,也使得梁启超成为轰动社会的名人。

《时务报》第一册刊发了梁启超的《论报馆有益于国事》一文,文章列举了西方近代国家报纸的发达和政治进步的相互关系,说明

梁启超主编的《时务报》

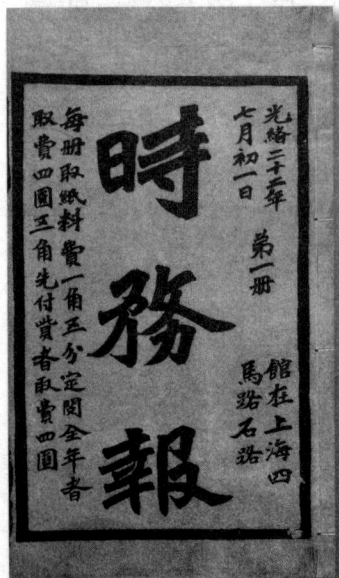

人物故事

悲情黄遵宪

黄遵宪是晚清爱国诗人和杰出的外交家，有"诗界革新导师"之称。从1877年出使日本起，他先后出使、游历日本、英国、法国、意大利、比利时、美国、新加坡等国家和地区共13年。所到之处，他皆悉心探求，并尽力为当地华人、华工争取权益。1887年，他完成了50万字的观察、研究日本社会方方面面的巨著——《日本国志》，但推荐给李鸿章时，后者未予重视，从而使中国错失了及早了解、正视日本的机会，导致数年后中国惨败于日本。甲午战败后，黄遵宪一面写诗痛悼："城头逢逢雷大鼓，苍天苍天泪如雨，倭人竟割台湾去！"一面哀叹："斗室苍茫吾独立，万家酣梦几人醒？"于是，他积极参与康有为发起的维新变法。变法失败后，他因一场痢疾和游历各国期间积淀的人脉侥幸躲过了杀身之祸。

报纸的发展有利于社会状况的改进，有助于社会的良性发展。从第二册起，《时务报》开始刊载梁启超的成名作——《变法通议》。

这篇具有变法纲领性质的长文共13节，论述涉及未来变法的方方面面内容，虽说观点不一定都能被时人接受，但对于冲破旧思想的禁锢和新思想的传播，起到了非常重要的作用。比如，梁启超认为，中国之所以落后，主要是政治体制落后，秦始皇创造的专制体制，对人民实行愚民政策，比西方重视民权的制度落后太多，因为西方社会人人有自由之权，人人有爱国之心。

《时务报》以其发刊质量受到了众多读者的交口称赞，发行量也不断增加，在全国各地备受好评，在不太长的时间里，销量就达到万余份，出现了中国有报馆以来前所未有的盛况。此外，康有为的弟弟康广仁等人也在澳门创办了《知新报》，与《时务报》遥相呼应，甚至发

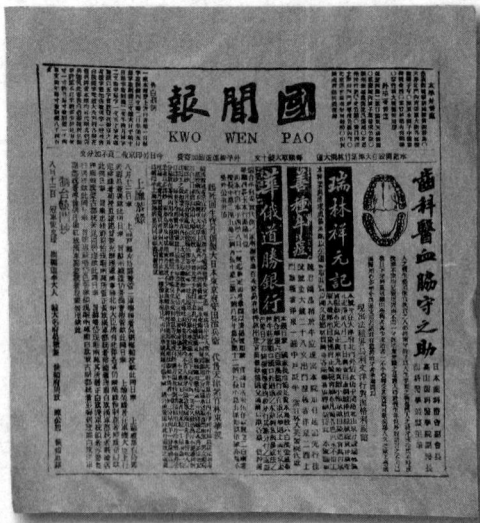

严复主编的《国闻报》

近代著名翻译家、教育家严复

表更为激烈的言论，说《时务报》
不敢说之事，也是当时的重要
报纸之一。

　　《时务报》的影响主要在
中国南方，而在中国北方，则有
《国闻报》在发挥着重要影响。《国
闻报》的主要负责人是严复，当时和梁启超齐名，人称
"南梁北严"。

　　曾经留学英国的严复对《时务报》称得上惺惺相惜，
他不仅在给汪康年、梁启超的信中大加赞扬，还汇款给
他们以物质支持。此外，他还把自己已发表过的著名文
章《原强》《救亡决论》《辟韩》等文章在《时务报》上
重新发表。

　　当然，严复在维新变法方面的最重要贡献，还是他
和夏曾佑等人共同创办了《国闻报》。这份报纸创办于
1897年10月26日，社址在天津租界内，每天出1张。
内容也很多样，主要以天津、京师新闻为重，也报道外

人物故事

"报王"汪康年

汪康年生于1860年，在其51年的生涯中，有整整26个年头是在报馆中度过的。他一生创办了多家报馆，包括《时务报》《时务日报》《京报》《刍言报》等，但没有一家能够善终。至于原因，无非是因为他目光犀利，公正不阿，宁可断腕也不肯放弃独立思想，从而频频得罪权贵。汪康年有"报王"之称，除了追求独立性外，他为中国报业开创了许多新的职业守则，包括"注重时效""来报专电"等。同时，他也是中国最早采用"号外"形式的办报人。可是由于时局腐败，"报王"虽屡败屡战，但终究屡战又屡败……1910年，他在北京创办了自己生平最后一份报纸——《刍言报》，同年死于肺痨。

国新闻。

《国闻报》的办报宗旨在于"求通"，具体说来有两个方面：一是通上下之情，也就是要沟通皇帝、朝廷和社会、民众之间的信息；二是通中外之情，也就是沟通中国和外国的信息。实际上这就是强调民主，强调学习外国，改造中国，使国家富强起来。严复等人认定，不如此，国家必弱，若如此，国家必强。

有感于日报不足以体现新闻的深度，1897年12月8日，严复等人又创办了旬刊《国闻汇编》，这是在效仿英国《泰晤士报》的风格。

这份《国闻汇编》有意识地向中国民众系统性地介绍了西方的新知识和关于西方各国新闻的更深层次的报道。它的重点是翻译外国的重要言论和著作，其中最有影响的文章则是严复自己翻译的英国生物学家赫胥黎的著作《天演论》，此文有力地宣传了具有划时代意义的达尔文进化论。

不过《国闻汇编》存在时间太短，只出了6册，便于1898年2月15日停刊。《国闻报》亦在戊戌变法失败后被清廷查封。

无论是《时务报》，还是《国闻报》，它们都对那个时代的维新变法思想宣传发挥了重大作用，对维新变法的推进起着不可或缺的作用。严复翻译的《天演论》，在历史上则有着更为持久的影响。

4. 强学会和保国会

自从各省举人"公车上书"后，维新思想逐渐传遍了中国社会。越来越多的中国人意识到，中国已经不能再按照旧的方式发展了，追求维新渐成风气，而不再是违规违法之事。

维新派除了办报纸宣传新思想、新知识外，还建立了一些学会以聚集维新人士，也吸引有开明思想的官员来增强维新派的力量，扩大维新思想的影响。在这些学会中，最有名、影响最大的要数强学会和保国会。

强学会分为京师强学会和上海强学会。康有为在第四次上书失败后，没有着急离开北京，而是在开明官员的支持下，开始筹建学会。经过一番努力，认同成立学会对中国的发展有好处的人日益增多。

在康有为的活动得到光绪皇帝的老师翁同龢及一些开明官僚的"暗中"支持后，1895 年 8 月下旬，康有为等人宴请了袁世凯、杨锐等有开明思想的官员，以共同

强学会遗址

商量讨论成立强学会事宜。在宴会上，他们解决了资金问题，筹集了数千元的款项，仅袁世凯就捐献了 500 元；推举了陈炽为总负责人。康有为则被推举为强学会的宣言和章程起草人，经他的如椽巨笔，强学会宣言以激昂的文字，沉痛地描述了亡国之后将会出现的种种惨状，从而打动了许多人，促使更多的人加入了强学会。

强学会的会址设在北京宣武门外后孙公园的安徽会馆，这里也是《万国公报》的社址。强学会会员每 10 天聚会 1 次，由康有为等人发表演说，宣传维新思想，倡导爱国自强的主张。

强学会成立后，继续得到了不少开明官员的支持。大家纷纷慷慨解囊，捐钱资助，兼任户部尚书的翁同龢还表示每年会从国库中拨一笔钱给强学会。连李鸿章也主动捐款 2 000 元，想加入强学会，但被强学会拒绝，因为他刚刚签订了卖国的《马关条约》。一些文化单位则向强学会捐赠了大批图书，英国、美国公使也表示要向强学会赠送图书、仪器。在中国的英、美传教士如李提摩太、李佳白等人，也很积极地支持强学会，经常互相宴请，讨论中国进行改革的相关问题。

很自然的，强学会的蓬勃发展又引起了守旧派人物的反感和反对，有的守旧官员扬言要弹劾康有为等人。在友人劝说下，康有为无奈离京南下，把强学会的工作交给他人负责。

李鸿章的亲家杨崇伊也上折弹劾强学会，说强学会"私立会党""植党营私"，请求清政府查封。好在翁同龢极力周旋挽救，把强学会改名为官书局，并且做了人员方面的变动，才得以保全。可是经过这一番周折，官书局的情形每况愈下，像梁启超等真心实意的维新变法志士先后离去，强学会最终以失败告终。

不过，康有为南下到达上海后，随即开始在上海筹

备新的强学会，维新变法又有了新希望。上海是一个相对更为自由的城市，有利于创办新的学会。为便于早日

人物故事

"鬼子大人"李提摩太

　　李提摩太是英国传教士，原名蒂莫西·理查德，1870年来到中国，此后共在中国生活45年。李提摩太在山西传教期间，曾被一位中国官员称为"鬼子大人"，这个兼有贬义与敬义的称呼倒很符合他的双重身份。一方面，他曾多次募集善款（募款地包括英国国内），大力救助陷于赤贫与灾荒中的中国人民，并翻译西学，向中国官绅介绍日心说、化学、蒸汽机、电力等科学知识，还创办了山西大学堂（今山西大学）。另一方面，正如其多次向英国政府所建议的，他主张"更多地控制主要的大学、主要的报纸、主要的杂志和一般的新读物。通过控制这些东西和控制中国的宗教领袖，我们就控制了这个国家的头和背脊骨"。在甲午战争、戊戌变法、义和团运动期间，这位"鬼子大人"积极活动于上层人士之间，多次建议将中国置于英国"保护"之下，企图影响中国政局的发展。尤其是戊戌变法，他不仅亲自参与其中，还被维新派奉为领袖。

办成学会，康有为抵达上海后就去拜访了时任两江总督张之洞。两人晤谈了 20 多天，张之洞同意康有为在上海办强学会，不仅捐款资助，还拨出公款作为办会资金。

因为有张之洞支持，上海强学会的筹办比较顺利。康有为先是以张之洞的名义发表了《上海强学会序》，而后又发表了《上海强学会后序》，再次强调组织学会的重要性，即只有大力倡导讲学，才能达到国家的两强：力强和智强。

康有为认为美国之所以强大，就是在短短的 100 年里，创办了大量的学会，而相关著书立说的数量超过了希腊、罗马 3 000 年的数量。他认为这就是"智强"，而智强是发达国家走向强大的根本。上海强学会宣布，学会主要想办好 4 件事：

（1）翻译和编印图书，让更多中国人能够了解西方学说；

（2）创办报纸——后来创办了《强学报》；

（3）创立图书馆；

（4）创立博物馆。

　　当然，强学会还有许多其他事情可做、要做，遗憾的是它们都未能做成。因为张之洞是个老练的政客，他是洋务派的重要人物，有一定的开明思想，但他与康有为的思想、追求有着本质上的区别，长期"共事"自然会产生矛盾。

　　他起初支持康有为办强学会，是为了利用康有为的影响和才能，聚集人才，为己所用。所以他先采用金钱利诱的方式，让康有为听命于他，失败后又威逼康有为，还破坏强学会，派心腹人员监视康有为，想强夺强学会的权力，挤走康有为。但康有为统统不为所动，始终坚持自己的信仰和追求，并指出洋务派那一套已经不适合中国当时的现实。

　　这大大激怒了张之洞，于是在 1896 年 1 月，张之洞下令强行终止了强学会的活动，上海强学会被扼杀在摇篮里。真是成也萧何，败也萧何！

　　然而，在康有为、梁启超等维新派的不懈努力下，维新的浪潮已不可遏制，越来越多的人开始赞同在中国实行维新变法。

保国会是另一个由维新派人士组织的学会，它是在西方列强瓜分中国的过程中产生的。在康有为的《上清帝第六书》送交光绪皇帝后，由于各种政治势力互相牵制，使并不掌握实权的光绪皇帝难以下定决心进行改革，而光绪皇帝本人也不愿意完全听从康有为等维新派的摆布。康有为面对这种局面也很无奈，于是暂时放缓上层活动，转向下层去动员民间力量，希望等民间力量壮大后，再去影响上层人士推进变革。

1898年1月，康有为邀聚了在北京准备参加考试的广东举人和一些名人共20多人，共同在南海会馆宣布成立了粤学会，想继续强学会的事业。随后，在康有为的促动下，林旭等福建举人亦成立了闽学会。杨深秀等人则联络了陕西、山西人士成立了关学会。杨锐也联系了一批四川人成立了蜀学会。其他各省也都相继发起成立了各种维新团体。

当时清政府正准备把旅顺、大连租借给俄国，康有为先后多次上书清政府，反对这种做法，但是没起作用。上书没有效果，促使康有为意识到有必要建立一个全国性的组织，希望由此造成大规模的影响去阻止清政府的行为，也可借此唤起更多的民众投身爱国活动中。

恰好这时有个名叫李盛铎的朝廷官员与康有为有着类似想法，他便找康有为商量，两人不久便一同发起了一个全国性组织——保国会。

1898 年 4 月，保国会在北京正式成立，到会的有各省应试的举人、各级官员和各种商人二三百人。康有为在成立大会上进行了慷慨激昂的演讲，控诉西方列强在短短 50 多年里对中国的侵略、掠夺，特别是在最近的数

保国会遗址

月里，又向中国提出了一系列无理要求。中国正处在任人宰割的困境中，人人都应该奋起保国、救国、报国，尽责尽力。

康有为讲到痛心处，情绪激昂，声泪俱下，深深打动了在场所有人，有不少人也同样啼泣。保国会的宗旨是保国、保种、保教，北京、上海设总会，各省各级地区设分会，以联络爱国人士。入会者均需心术品德端正，否则拒绝入会。

随着保国会的影响不断扩大，守旧派再次着了急，他们先后找到保国会的发起人之一李盛铎，对他进行责问，迫使李盛铎退出了保国会。尤其是荣禄，他不仅怪罪李盛铎不该参加保国会，甚至向外传话说保国会妖言惑众，是"混账"之举，现在还有不少官员活着，亡国也用不着康有为去保，等等。他还扬言像康有为这样的人非杀不可，以绝后患。

在这种情况下，一些反对维新的官员不断上折要求查禁保国会，甚至连李盛铎也开始这么做了。有的官员甚至说所谓民主、民权的宣传造成了社会不稳定，如果政府承认保国会合法，就会使天下大乱，国无宁日。掌握军权的官员也调集军队，只等清政府一声令下，马上将康有为等人逮捕法办。

幸好光绪皇帝并不想查禁保国会，他认为既然是保国，怎么能害国？一个学会，能想到保卫国家，实在是大好事。所以他反倒把一个说保国会坏话的官员给革了职。可是，保国会虽说在光绪皇帝的庇护下得以躲过危机，但在反对派的压力下，它后来也再没举行过什么大的活动。

当然，保国会已经宣传了爱国维新思想，也锻炼了自己的队伍，为日后的维新变法积累了经验，聚集了力量。更多的人已经由此认识到了中国变革的重要性，维新变法已经不可阻挡。

III

第三章

百日维新

1. 湖南的新政

扫码体验

VR融媒"四史"云课堂
"四史"学习就在我身边

湖南，中国近代史上曾经名噪一时的省份。在维新变法时期这里的维新活动也曾声名鹊起，和京师、上海的维新运动遥相呼应。而声名远播的时务学堂，就是那个时代的典型范例。说到湖南的维新活动，必须提到两个人的名字：一个是陈宝箴，另一个是谭嗣同。

陈宝箴当时是湖南巡抚，是个思想开明的官员，一上任就锐意改革。在他的倡导下，湖南兴办了一批近代企业，在教育方面则整顿了旧式书院，购买了大量科学书籍、科学仪器，为培养新式人才、振兴湖南、改变社会文化风气开创了良好局面。几乎与此同时，湖南青年知识分子谭嗣同在外游历多年后回到了故乡。他是一个更具维新思想的人，在给老师欧阳中鹄的信中，他说湖南应该系统地开展维新变法，变法最初必须从知识分子当中开始，而要改变知识分子的状况，就要从改变科举制度开始，然后由知识分子带动全社会进行全面变法。这一思想和梁启超在《变法通议》中阐述的"变法之本，在育人才；人才之兴，在开学校；学校之立，在变科举"的思想是一致的。所以，谭嗣同建议老师和湖南的教育官员，要先开办新式教育机构，培养有用人才，为以后的维新变法创造条件。加之当时也有其他官员在倡议开办新式学堂，时务学堂就在这种情况下成立了。

时务学堂最初由一家民营公司开办，主要是为了推广工艺和培训人才。后来在陈宝箴的支持下，学堂得到了政府资金的赞助，实际上成了湖南省政府的下属机构，基本上成为官办学堂。时务学堂的实际主持人是熊希龄，他也是有着维新思想的人，于是约请谭嗣同、黄遵宪等维新人士参与学堂事务。黄遵宪便向陈宝箴等官员极力推荐上海《时务报》的梁启超、李维格到时务学堂分别担任中文总教习和西文总教习。《时务报》总理汪康年起初坚决不同意，但经不住湖南方面"不惜代价"的威胁，最后只好放人。

梁启超等人到长沙后，公布了《湖南时务学堂学约》，共 10 章。内容中西结合，既要求学生精通中国儒家学说，也要求学生努力学习西方文化科学知识。梁启超的目的，是想把时务学堂办成未来维新变法的人才基地，所以他希望学堂能多招一些学生。时务学堂的功课也是由梁启超精心设计的，自然也是中西结合，有全体学生都要学的课程，也有根据学生的兴趣爱好、特长而设计的课程，让学生们有更多的选择。学堂要求学生们看的书分为"专精"和"涉猎"两部分：前者就是需要精读的书，由学堂的老师讲解，占学习时间的 6/10；后者则是泛读的书，占学习时间的 4/10。这两部分书籍都要写读书笔记，5 天交 1 次，由老师审阅批校。

在《时务报》任职时，由于一些条件限制，梁启超还不敢太明显地宣传其老师康有为的思想。而到了时务

湖南时务学堂部分教员

学堂，由于刚来就受到了湖南各界热情欢迎，梁启超便放开胆子，大力宣传康有为的思想。特别是对儒家学说中的《孟子》里所说的民权做了大胆解释，指出孟子所说民权和近代西方的民权主张没什么差别。

他不仅在自己的文章里大谈新思想，还在给学生的读书笔记所做的批文中发表激进思想，除了认为古代中国的大同思想和近代西方民权思想一致外，还赞同学生对议院的理解，认为虽然议院制度创建于西方，但是中国古代早就有与议院相关的思想，只是中国的君主专制时间太长，使得这种思想无法转变为现实。

他甚至放言抨击清军入关后进行的"扬州十日"大屠杀等残暴行为，进而表露出改朝换代的思想，而不是帮助清政府改革。这些见解在当时的中国实属异端，也就是说，这是守旧势力绝对无法接受的。

由于时务学堂的学生是住校的，所以梁启超的激进思想起初还只是在学堂内传播，没传到学堂外。可是，等到学堂一放假，来自全省各地的学生就把梁启超的激进思想带到社会上。这下就激怒了守旧势力，他们纷纷攻击梁启超，甚至不惜采用无中生有、污蔑栽赃等手段。尽管湖南的维新势力对守旧势力进行了有力的反击，但在梁启超因故离开时务学堂后，陈宝箴为维护大局，忍痛免去了熊希龄的职务，由黄遵宪等人主持学堂，并辞退了随梁启超同来时务学堂的维新派教师。因此，湖南的维新势力遭受了巨大打击。尽管如此，时务学堂的活动毕竟影响了湖南省内一些地方的维新变革。除时务学堂外，湖南先后成立了南学会等许多新式团体，培养了一批维新人士，还创办了《湘学新报》（后改名《湘学报》)、《湘报》等报纸，极大地改变了湖南的社会风气，使湖南很快成为全国关注的省份。

2.《明定国是诏》

1875 年，年轻的同治皇帝病死，由于他没有儿子，清廷就在慈禧太后的操纵下选出了新皇帝，这就是光绪皇帝。当时他才 4 岁，是同治皇帝的堂弟，由慈禧太后掌握大权，继续实行"垂帘听政"。到了 1898 年，没有实际权力的光绪皇帝在各种势力的牵制下，迟迟下不了决心进行全面变法，可眼看着国家危局日重，他十分着急。

机会终于来了。1898 年 5 月 29 日，晚清时期极其重要的高官恭亲王奕诉因病离世。各种关注中国政治局势的人，都意识到中国可能要因此发生变化，特别是康有为等新兴的政治人物，他们更急于抓住这个时机实现自己的抱负。于是，康有为连上数道奏折，促请光绪皇帝尽快实施维新变法，千万不要错过这个大好时机。

此时的光绪皇帝也正想利用奕诉之死来做变法的大

文章，康有为的奏折上的正是时候。这天，光绪对前来
觐见的庆亲王奕劻抱怨说："太后如果还不给我办事的权
力，我宁可让出这个位子，绝不甘心做亡国之君。"慈禧
太后听到奕劻的转述后，勃然大怒："他不愿坐皇帝的位
子，我早就不想让他当了。"

奕劻急忙尽力劝说，慈禧太后这才答应说："由他办
去吧，等他办不出什么像样的事情的时候再说。"奕劻又
把慈禧太后的话转述给光绪皇帝听："太后不禁止皇上办
事。"随后，光绪皇帝才于这一年的 6 月 11 日在天安门
城楼发布了《明定国是诏》，昭告天下，宣布全面变法
开始。

《明定国是诏》

"国是"指国家大计，即国家的指导方针、理论基础、方针政策。换句话说，《明定国是

人物故事

巨贪奕劻

　　爱新觉罗·奕劻是乾隆皇帝的玄孙，是清朝最后一个铁帽子王，也是仅次于和珅的巨贪。他曾一度手握重权，贪婪无度，频频利用权力换取财富，卖官鬻爵所得高达上亿两白银，以致时人称其王府为"老庆记公司"。

　　八国联军入侵北京时，慈禧太后逃跑时命奕劻与大臣那桐等人留下议和。日本人要求与清朝签订不平等条约，并许诺每个签名的大臣20万两黄金。当时好多人都签了，只有奕劻和那桐不签。他们不是爱国，而是嫌少，最后二人分别得了40万两黄金才签。1911年，大清灭亡在际，奕劻还近乎病态地聚敛着个人财富。袁世凯能顺利逼迫隆裕皇后母子下台，正是因为奕劻是内援及逼宫的主力，报酬则是白银300万两。

诏》就是光绪皇帝颁布的改革纲领。内容如下：

　　数年以来，中外臣工，讲求时务，多主变法自强。迩者诏书数下，如开特科，裁冗兵，改武科制度，立大小学堂，皆经再三审定，筹之至熟，甫议施行。惟是风气尚未大开，论说莫衷一是，或托于老成忧国，以旧章必应墨守，新法必当摈除，众喙哓哓，空言无补。试问今日时局如此，国势如此，若仍以不练之兵，有限之饷，士无实学，工无良师，强弱相形，贫富悬绝，岂真能制梃以挞坚甲利兵乎？朕惟国是不定，则号令不行，极其流弊，必至门户纷争，互相水火，徒蹈宋明积习，于时政毫无裨益。即以中国大经大法而论，五帝三王不相沿袭，譬之冬裘夏葛，势不两存。用特明白宣示，嗣后中外大小诸臣，自王公以及士庶，各宜努力向上，发愤为雄，以圣贤义理之学，植其根本，又须博采西学之切于时务者，实力讲求，以救空疏迂谬之弊。专心致志，精益求精，毋徒袭其皮毛，毋竞腾其口说，总期化无用为有用，以成通经济变之才。

京师大学堂为各行省之倡，尤应首先举办，著军机大臣、总理各国事务王大臣会同妥速议奏，所有翰林院编检、各部院司员、大门侍卫、候补候选道府州县以下官员、大员子弟、八旗世职、各省武职后裔，其愿入学堂者，均准入学肄习，以期人材辈出，共济时艰，不得敷衍因循，循私援引，致负朝廷谆谆告诫之至意。

这份诏书指明了当时中国的危机，不变法不能救中国，很多官员赞同变法；要求官员认真实施以前诏书内提出的改革；斥责了阻挠变法的现象、言论；希望各级官员既要学习中国文化，也要学习西方知识，成为维新变法的有用人才；首先要开办京师大学堂，有关部门要尽快研究上报，各级官员的子孙有愿意学习的都应允许他们入学堂。

同日，光绪皇帝还发布了另外一份上谕，说明当时各国相互间的交流越来越多，国家很缺乏外交人才，要各省官员注意考察品德高尚、学识优秀、了解时势、没有不良习性的人员，上报总理各国事务衙门，为政府选拔人才做准备。

这两份诏书一下，全面的维新变法逐步展开，垂死的大清王朝也渐渐有了较多的新气象。不过，变法的前景并不是很光明。就在光绪皇帝颁布《明定国是诏》后的第4天，也就是1898年6月15日，慈禧太后迫使光绪皇帝连发数道谕旨，意在"加强防范"。一道谕旨说，二品以上官员被任命后要向慈禧太后谢恩，就是说慈禧太后收回了最重要官员的任命权；另一道谕旨说，慈禧太后秋天要到天津阅兵，也就是告知天下，她还掌握着军队；还有一道谕旨说，任命荣禄为直隶总督，兼军机大臣，统辖北洋海陆各支军队，就是说荣禄成了慈禧太后最信任的军事高官。变法刚开始迈步，就隐隐现出危机。

3. 康有为面圣

光绪皇帝时年 27 岁，正是血气方刚、意气风发的年华，虽然他只是在形式上取得了权力，但依然想大展雄图。于是，1898 年 6 月 13 日，他连续颁发了几道上谕，宣布在 3 天后将要召见康有为、张元济、黄遵宪、谭嗣同等维新人士，还要梁启超等候听宣。这是他在变法路上迈出的重要一步。

16 日这天，光绪皇帝根据事先的安排，如期召见了康有为。这是康有为一生中唯一一次见到光绪皇帝，他感到无限荣幸。

那天清晨，康有为早早地来到故宫东宫门，敬候皇帝召见，不料遇上了新到任的直隶总督荣禄来向皇帝谢恩。荣禄就问康有为："以你的大才，有什么办法挽救中国的危局吗？"康有为回答："必须变法！"荣禄接着问：

事实真相

张元济卖字

戊戌变法失败后，原本难逃一死的张元济，因李鸿章相助而幸免，从此开启了他的出版人生。1901年，张元济投身商务印书馆。到1926年，书馆已经发展成为远东最大的出版商，分馆遍及中国和南洋。但在1932年的淞沪战争中，日机的轰炸将他大半生的心血化为灰烬，共有46万册藏书被毁。太平洋战争打响后，上海"孤岛"沦陷，家境日益窘迫，他仍留在那里苦撑危局。初时张元济还能卖些善本书，后来只能靠卖字勉强维持，但他决不给日寇和汉奸写半个字。1942年初，两个日本人曾前来求见，他在对方的名片背后写下了"两国交战，不便接谈"8个字，拒绝见面。汪伪政府的浙江省长傅式说附庸风雅，托张元济的一个亲戚送去一幅画卷，请他题字，附有一张11万元的支票。他从支票的印章中发现是傅式说，断然拒绝，退回支票，修书一封，大意说："你是浙江省长，把浙江祸害得不轻，我可不敢从命！"

"我也知道法需要变，但是，现在的法已经形成了一二百年，是一朝一夕就能改变的吗？"康有为直言不讳地说：

"杀二品以上阻挠新法的大官，新法就能实行了。"

荣禄听了很不高兴。在拜见完光绪皇帝后，荣禄又去给慈禧太后请安，并把他和康有为的对话说给了慈禧听，这或许与后来变法失败有一定的关系。

光绪皇帝见到康有为后，先询问了他的年龄和出身，然后二人进行正式交谈。康有为侃侃而谈，说当今西方列强对中国不仅虎视眈眈，而且步步紧逼，妄图瓜分中国，中国眼看就要亡国了。光绪皇帝接话说："都是守旧的人造成的。"

这里有个背景：光绪皇帝前一日刚刚免去了自己的老师翁同龢的官职，把他遣返回了老家。听到皇帝的话，康有为似乎颇能理解，因为在此之前，翁同龢已明确表示过不同意康有为的激进改革方式，已从康有为的同盟者变成了对立者。

康有为回应光绪皇帝道："皇上真是圣明，很了解国家生病的缘由。既然您知道为什么会生病，那么现在有现成的药在这里。既然您知道是守旧导致灾祸和失败，那么，不变法和维新就不可能自强。"

　　光绪皇帝非常赞同康有为的观点，当场明确表示，现在非变法不可。康有为接着说，目前的问题看来已经不是要变法还是不变法了，而是只进行小的改变还是敢于从事大的变革，是只满足于枝端末节的改良还是实施根本的、彻底的变革。

　　康有为的意思很明确，他赞成大刀阔斧的变革，而不是小打小闹地玩玩就算了。他又进一步说明自己的看法，指出自鸦片战争几十年来，朝廷官员们都在说变法，但现在看来这些所谓的变法，都只不过是"变事"而已，都是枝端末节的改良，而不是根本的变革。

　　康有为请求光绪皇帝设立制度局，对法律、规章实行统一的制定，这样才能达到事半功倍的效果。光绪皇帝对康有为的意见相当赞赏。

　　康有为对光绪皇帝说，自己研究过中西各国的变法经验，西方各国经历了大约 300 年的时间，才达到现在相对健全的状态，而日本学习西方，只用了 30 年的时间就达到了目前的水平。他认为中国虽然人口众多，风俗习性各不相同，但是只要从现在开始，认认真真、脚踏实地地推行新政，上下齐心协力，大约只要 3 年就可以实现自立。然后国家就会蒸蒸日上，富强程度超过其他国家，恢复大清王朝在世界上的地位。

他鼓励光绪皇帝说："以皇上的圣明，只要下决心实行变法，那么国家的富强易如反掌！"

光绪皇帝夸奖了康有为的看法，认为他说得很有道理。康有为接着反问："皇上圣明，既然已经认识到问题的关键所在，为什么长时间没有采取措施，眼看着国家越来越弱呢？"据说，光绪皇帝听到康有为的反问后，用眼睛瞟了一下帘外，叹了口气说："无奈有人阻碍，怎么办？"

康有为知道光绪皇帝所说的阻碍指的是慈禧太后，使他不能放手大干，于是建议光绪皇帝："就您现在拥有的权力，去做可以改变的事情，虽然不能全部改变，但是只要选择最要紧的事做，也就足以救中国了。而现在朝中的大臣多数是老朽之人，不了解外国的情况，皇上如果要依靠他们实行变法，那真是找错了人了。"

康有为建议光绪皇帝舍弃那些干不了事的老朽官员，

多提拔年轻有为的官员，这样国家才有希望。光绪皇帝对此表示认同。后来，他们又交流了对废除八股制度的看法。康有为认为八股制度太害人，使中国人不用读秦汉以后的书，更不用去考察世界局势，选拔的人才都没有真正实际的本事，不会处理外交事务。中国之所以落后，根源主要在于八股制度，主张废除八股考试。

光绪皇帝同意康有为的见解，他也赞成废除八股考试。可是，在谈到甲午战争后由于大量赔款，造成严重的财政危机，怎样才能弄到大笔金钱来摆脱困境时，康有为和光绪皇帝的看法并不一致。他认为那些具体弄钱的办法都不能从根本上解决国家的问题，只有翻译东西方书籍、派遣留学生出国留学、派遣王公大臣出游西方各国考察政治状况，减少变法阻力，才是最重要的。

因此召见的结果是，光绪皇帝只给了康有为一个总理衙门章京行走的官职。用今天的话说，只是个办事员，虽然康有为可以写奏折上书，反映意见，但显然没有得到重用。

4. 新政诏书频发

召见康有为后，光绪皇帝还召见了其他一些维新派人士，有的被任命为高官，如黄遵宪以二品官员的身份出任驻日公使；有的同样没得到重用，如严复仍回到北洋水师学堂教书。

随后，光绪皇帝按照自己的思路进行变法，同时接受康有为等人的建议，先后发布了200多条上谕，这些上谕的内容涉及面比较广，几乎包括当时中国的各个领域，主要有以下几类。

（1）商业事务。中国自古以来就是个以农业生产为主的国家，发展到近代，这样的社会形态已经很难照老样子维持下去了。而西方发达的商业运营、洋货的倾销，使一些中国人认识到有必要发展商业事务，以改变中国的经济状况。光绪皇帝也不例外，他在1898年6月12日发布了一道上谕，强调发展商务是使国家富强的重要途径，要求各省官员根据当地的实际情况，尽快在各个省会筹办商务局，公正、公开推举富有的商人绅士组成董事会，仔细制订有关章程，认真研究、沟通商业情况，上下同心，振兴商业。此外，光绪皇帝还要求各地下大力气整顿商业事务、矿产事务，以便开发有利资源，以此推动中国经济发展。

康有为也抓住时机上书，阐明发展商务的重要性。他认为西方国家的货物之所以能够远涉重洋卖到中国，是因为它们有一整套比较完整、先进的商业教学、商业宣传、商业管理的运营体系，能保障各国的货物销售渠道畅通。正因为如此，才使得西方国家经济繁荣，不像中国这样举步维艰，而且人民和君主都生活富足，国家富有且实力强大。他建议清政府大力倡导重商主义精神，鼓励一切有利于中国进步与繁荣、有利于中国经济市场开发的措施。他希望清政府全面向西方国家学习，设立专门的机构、学校，启发中国人的商业意识，逐渐改变各级官员歧视商人的旧观念；鼓励办商业学校、翻译商业书籍、出版商业报纸、制定商业法律等等，为商业事务的繁荣创造有利环境；政府还应该像西方国家那样，调整税收的利率，鼓励商品出口，制定专利制度来保护专利产品不受侵害。

康有为的这些建议得到了清政府的重视，光绪皇帝随之发布的上谕便要求有关地方官员尝试举办商务局，还要在上海、武汉等沿海沿江的城市调查商业资源，提出方案，并且考虑制订符合实际情况的相关规划，保障商业学校、商业报馆、商业协会的设立。

（2）金融体系。和商业发展密切相关乃至不可或缺的一个行业，是金融系统，也就是银行业。早在1897年初，清政府就曾让盛宣怀去操办建立本国银行事宜。由于当时的银行都是由外国人兴办的，也是由外国人掌握的，主要是为外国商务服务。要搞好中国的商业事务，就必须创办中国人自己的银行，建立中国人自己的金融体系。于是，盛宣怀上书清政府，建议成立国家银行，光绪皇帝发布上谕批准了这个建议，于是具有国家银行性质的中国通商银行、京城银行和各种商业银行，以及国家银行在各地的分行都陆续建立起来，为商业的发展提供了保障。

人物故事

"中国商父"盛宣怀

　　盛宣怀是洋务派代表人物，为官至一品大员，被誉为"中国商父"。他一生共创造了11项"中国第一"：第一家民用股份制企业轮船招商局；第一家电报局中国电报总局；第一家内河小火轮公司山东内河小火轮航运公司；第一家银行中国通商银行；第一条铁路干线京汉铁路；第一家钢铁联合企业汉冶萍公司；第一所高等师范学堂南洋公学（今交通大学）；第一所近代大学北洋大学堂（今天津大学）；第一家勘矿公司；第一座公共图书馆；中国第一家红十字会。李鸿章曾称他："一手官印，一手算盘，亦官亦商，左右逢源。"此外，盛宣怀还直接导致了清王朝的最终崩溃。1910年初，担任邮传部大臣的他宣布铁路收归国有，引发了"保路运动"，进而引燃了辛亥革命的导火索。

　　（3）改善农业。当时，中国的农业很衰落、很萧条。一个以农业为主的国家，在重视发展商业的同时，也必须发展农业，否则可能造成更加严重的经济问题。所以，光绪皇帝在1898年7月和8月先后发布两道上谕，要求各地官绅加强对农业的研究，广泛采用各种中国和西方的优良方法，振兴农业。

在这种情况下，康有为又不失时机地上书提出建议，比较详细地介绍了西方发达国家在农业方面的先进技术，如农业的机械化、化肥和温室大棚的使用等。他建议设立农业学堂，创办农业报纸，翻译东西方农业书籍，鼓励民众创办农会，沟通见闻，互相交流；创办地质局对各地的土壤情况进行勘测，以便指导农民种植适合本地条件的农作物。他还建议成立农商局，以此对全国的农业、商业进行统筹规划。清政府认为这些建议很有益，于是再次发布上谕，予以采纳并付诸实施。

（4）发展铁路。建设铁路也是变法的重要内容。在1898年以前，中国只有很少的铁路。中国最早的铁路是1876年英国人修建的淞沪铁路，1879年河北开平矿务局修建的唐胥铁路则是我国自己修建的第一条铁路。后来，刘铭传在台湾主持修建了台北至基隆铁路。变法期间，清政府对铁路建设给予了一定关注，不仅决定修建新的铁路，还在京师组建了矿务铁路总局，委派高官进行管理，要求各省所有的开矿、筑路行为都要经过矿务铁路总局的审核及批准，努力改变各省自行其是的局面。这些都为日后中国铁路的发展打下了较好基础。

（5）奖励发明。变法过程中有一个极具特色的措施是前所未有的，这就是奖励发明，保护专利。康有为等维新派人士注意到，在西方发达国家富强的众多原因中，鼓励人们进行发明、创新并加以法律保护是非常重要的。因而康有为上书建议清政府向西方国家学习，鼓励国民中的能人智士，发挥聪明才智，求创新，搞发明，并对这些有发明创造的人进行奖励。他认为，以中国人的聪慧，定能产生大量的创新和发明，政府求之若渴的东西还愁得不到吗？

康有为的建议可谓抓住了世界潮流，对中国的发展极为有利。光绪皇帝很快连发两道上谕，昭示天下人才是变法的关键，有了人才，才谈得上振兴经济，强大国家。凡是有新的发明创造、出版新书的人，都将得到适当的奖励和法律的保护，同时还要严加防范虚假的发明创造，任何著书及创造发明都必须经过相关部门和专家认真考察、检验，如有问题者从严惩罚。只有这样才不会出现对经济发展的不良影响，真正做到实事求是。

以上变法措施主要突出了"富国"的思想，而后面的变法措施则重在"强兵"。两者是密切相关的，有强大的武装力量做保障，经济建设才可能顺利发展。

在强兵方面，康有为上书朝廷，建议停止已不能适应新时代需要的武举考试，因为刀枪剑戟斧钺钩叉、射箭骑马等冷兵器及相关战术已经过时，应首先在京师、天津兴办新式军事学堂，然后推广到全国各地，要有小学、大学等不同层次的军校，学校中的各项功课都要仿照德国、日本设置；他还主张把原有的旧式武举人全部送进这些有近代性质的军校学习。此外，他还建议选派身体强健、有军事才能的学生去德国、日本学习，这样就有可能学到更多真本领。其他一些官员也先后上书建议中国学习西式军队的操练方法，废除八旗、绿营、满洲、蒙古等旧式军队，建立新式军队，同时重建海军，增添军舰。

光绪皇帝听取了康有为等人的建议，陆续发布了数道上谕，开始了军事方面的全面改革，尽管由于时间太短，效果还不明显，但是，它毕竟拉开了新型军事体制创建的大幕，影响了后来的几十年。

5. 京师大学堂

　　京师大学堂即今天的北京大学的前身，1898 年，光绪皇帝发布《明定国是诏》，正式批准筹办京师大学堂。但实际上，早在 1896 年 6 月，一个名叫李端棻的官员就曾委托梁启超起草上书，倡议在京师创办大学堂，同时在各地开办各级学堂。此后一些官员也曾陆续建议开办学堂。康有为在《应诏统筹全局折》（即《上清帝第六书》）中也提议过创办京师大学堂。可是，军机大臣和总理衙门大臣开始并没重视光绪皇帝的批示，后来，光绪皇帝再发上谕，批评并催促他们，他们才真正重视起来。

　　在这种情况下，曾经和康有为共同发起保国会的李盛铎参照日本、英国等国大学的情况，提出了自己的办学意见，主要有 5 个方面：

　　（1）大学堂和中国教育的关系；

　　（2）选取学堂地址的原则；

（3）学堂功课的制订；

（4）办学堂所需费用的筹集；

（5）选派大臣出洋考察。

这些意见对后来中国的新式教育有着较为重要的影响。军机大臣和总理衙门大臣根据这些意见，同时参照其他人的意见，制订了比较完整的办学方案和章程。据康有为自己说，他参与了章程的制订，由梁启超代为执笔起草。

1898 年 7 月 4 日，总理衙门向光绪皇帝上折，先解释了为什么对之前的上谕没有及时回复的原因，随后提出 4 个要求：

京师大学堂遗址

（1）划拨专门的款项，最初开办费 35 万两白银，常年经费 18 万两；

（2）拨官地作为校舍；

（3）委派大臣管理京师大学堂事务；

（4）认真挑选学堂总教习，也就是相当于今天大学里的教务长。

同时，总理衙门把梁启超起草的办学章程一起上报给了光绪皇帝。这份章程 9 000 多字，共 8 章 54 节。章程以维新的眼光、流畅的笔调，畅言了创办京师大学堂的有关问题。如针对当时地方上小学、中学不普及的情况，建议大学堂加设小学堂、中学堂及有关课程，这是"兼容并包"思想的最早体现，启发了后来北京大学校长蔡元培提出的"兼容并包"办学理念，进而倡导学术自由，各种学术流派共存。章程还涉及师范教育的内容，强调培养教师的重要性；课程设置要实事求是，中西并重，不搞花架子；招收学生从严为要，宁缺毋滥；要注重从大学堂中选拔人才，对优秀教师应给予奖励；对大学堂教师的聘用不应考虑官位、年龄的大小，而要考虑品学兼优、有中外知识的人；对大学堂的各级人员数量做了规定；学习西方用预算表、决算表来管理经费的使用，并有详细的经费使用计划；等等。

当天，光绪皇帝颁下谕旨，称赞章程写得不错，还任命孙家鼐为管学大臣，主管京师大学堂事务，并指派庆亲王奕劻、礼部尚书许应骙等人负责选校址。后来他们选定了北京地安门内的沙滩后街原乾隆皇帝的第4个女儿和嘉公主的一所空闲的宅子，作为学堂最初的校址，得到了光绪皇帝的批准。

光绪皇帝还同意把官书局和译书局同时并入京师大学堂，作为学堂的组成部分。至此，大学堂初具规模。

在此期间，梁启超被光绪皇帝赏赐六品顶戴，专门管理译书局事务。至于其他办学的有关申请，光绪帝也几乎有求必应，全都予以批准。1898年8月24日，在包括办学经费已有着落和孙家鼐的大印已铸造好等各种条件

京师大学堂总监督关防用印

都具备后，京师大学堂正式
开办。

京师大学堂是中国近代第一
所国立的大学，它是一所同时设
有中国知识课程和西方知识课程
的高等学府，包括外语的学习。
由于和康有为发生了矛盾，因此
原本想聘请康有为当大学堂总教
习的孙家鼐，最终决定只聘请中

京师大学堂门额

学总教习和西学总教习，自己则兼任大学堂总教习。

戊戌变法失败后，慈禧太后彻底废除了所有新法，
而京师大学堂是戊戌变法中唯一保留下来的果实。究其
原因，不外乎甲午战败后，为国家培养人才至关重要，
而慈禧也并不反对办学堂培养人才。当然，她所希望培
养出来的人才是为大清王朝服务的人才，而不是维新变
法的人才。1902年底，洋务运动时期创办的京师同文馆
并入京师大学堂，扩大了京师大学堂的规模。

IV 第四章
戊戌政变

1. 新锐四章京

VR融媒"四史"云课堂
"四史"学习就在我身边

　　光绪皇帝在频发诏书、锐意改革的同时，还大刀阔斧地实行了许多革除旧弊的措施，如支持维新派王照的改革意见，并表彰他不畏强暴、敢于直言的精神；将以怀塔布、许应骙为首的礼部官员全部罢免，因为他们阻挠王照上书，影响了改革；根据改革的需要，撤销旧的、不适应改革的机构，建立适应改革需要的新机构。特别值得一提的是罢免像李鸿章这样曾经位高权重的老官员，同时打破常规提拔具有新思想、年轻有为的新官员，其中最具代表性的就是新锐四章京。

　　四章京指的是 4 个人，他们是杨锐、刘光第、谭嗣同、林旭。章京本是办事员的意思，是一种职务，地位并不高，主要工作是抄写皇帝的谕旨，登记档案，查对核实官员的奏报和建议，或是受皇帝或军机大臣的委托，就某些重大问题进行调查研究，写出有关方案。

　　章京的任命原本要经过选拔，还要参加考试等程序。然而，1898 年 9 月 5 日，光绪皇帝在任命礼部新官员的同时，破格提拔了他们，4 人得以进入军机处，并授四品顶戴官衔，参与和新政有关的事情，这就不再是一件普通的事情，而是震动朝廷上下的大事了。

　　在此之前，4 人的官职中都有"候补"两字，都是级别不高的普通官员。这 4 个人虽然都有维新变革思想，也都想为改革尽一份力，但却分属不同阵营，保举他们的人和时间也各不相同，却都在同一天被提拔，可以想见当时光绪皇帝任用新式人才促进改革的迫切心情。

　　军机处在清朝是非常重要的部门，6 名军机大臣每天都有机会面见皇帝，就一些重大问题提出相应的对策，然后以皇帝谕旨的方式向各部门、各省份发布。所以，章京的官位虽小，但有着特殊的地位，各地官员对其都要另眼看待。

当然，光绪皇帝对4位新章京的权力还是有所限制的，首先要求他们和军机大臣搞好关系，向皇帝提出的建议要通过固定程序，由军机大臣上报，不能绕过军机

人物故事

王照

王照与康有为虽然都主张变法，但王照主张循序渐进，调和慈禧太后与光绪皇帝的关系；康有为则主张废掉慈禧太后，让光绪皇帝亲掌大权。王照不赞同康有为的激进做法，康有为也无法说服王照。变法期间，他先是攻击守旧派，一举参倒了包括怀塔布、许应骙在内的"礼部六堂官"，之后又攻击革新派，结果激化了两派矛盾，也沦为两派的共同敌人。慈禧太后发动政变后，王照逃到日本，走投无路之下，委身于康有为与梁启超。在此期间，他依然批评康有为激进胡为，康有为大怒，把他软禁起来，后来日本政府介入，他才得以自由并回到中国。回国后，王照自请入狱，两个月后因清廷大赦获释。从此，他远离政治，潜心研究、积极推广汉字拼音方案。他创制的"官话合声字母"于民国七年（1918）被北洋政府批准实施，至今仍在我国台湾地区使用。

大臣越级上报。饶是如此，同时任命 4 位章京，还是引起了守旧官员的猜忌。

4 位章京都有着优秀的政治品格，皇帝交给他们办的事，都能尽心竭力去办。但是 4 个人的性格有较大差别，影响了他们的为人处世。

光绪皇帝

谭嗣同坚定、激进，受康有为的影响较大，和康有为、梁启超的关系也最密切，他的思想甚至超过康有为。他认为中国不应该建立君主立宪的国家，而应该废除君主制，因为君主把天下看作个人的私有财产，是一切罪恶的根源，所以他想在中国建立一个没有君主的新式理想国家。

杨锐和刘光第都是张之洞的心腹，一个老成持重，一个淳朴厚道，他们比较赞成平缓的改革，不太同意康有为的激进改革，和康有为、梁启超的关系不太密切。

年纪最小的林旭，他欣赏康有为的见解，又自恃才华甚高，和旧官员的关系最为紧张，但他却是康有为的政治对手荣禄保荐的。这种复杂的情况影响了4人，有时他们的行事会很不一致，有时又会鼎力相助。

由于当时的光绪皇帝从骨子里看不上没有魄力、办事拖拉的旧式官员，因此经常不通过军机大臣，而是亲自把要办的事情交给4位章京去做，以提高效率。而几位章京或许由于太忙，有些事情便没和军机大臣商量就自己决定了。时间长了，相互间的隔阂、矛盾就加深了，他们和其他章京的关系也越来越不好，从而加深了那些旧式官员的嫉恨。光绪皇帝破格提拔人才，本是为了改革更有效率，可是不曾想到新旧官员们之间其实没那么容易和平相处，这也无意间为变法失败添加了一重因素。

2. 谭嗣同夜访袁世凯

光绪皇帝的大规模改革侵犯了一些旧官僚的切身利益，没过多久，他们就开始阻挠变法。特别是被罢了官的怀塔布，他仗着与慈禧太后的总管太监李莲英的密切关系，极力在慈禧面前说光绪皇帝的坏话，说光绪皇帝受小人迷惑，祸害朝纲，并求老佛爷做主，等等。

结果，本来就不放心变法的慈禧在光绪皇帝来请安时指责了他。光绪皇帝则进行辩解，惹得慈禧太后勃然大怒，认为怀塔布等人所言非虚，就怒斥光绪皇帝，说他不要祖宗法度，怎么对得起祖宗？

光绪皇帝满腹委屈地哭辩说，现在国家面临强敌，人民困苦，祖宗如果在也会变法。自己宁可变祖宗法度，也不忍心舍弃祖宗的臣民、丧失祖宗的土地，被天下人耻笑，辜负祖宗和太后的期望。慈禧更加恼羞成怒，厉声斥责光绪皇帝，并产生了废黜他的念头。

和慈禧太后争辩后的光绪皇帝，彻夜难眠，想了很多。次日，他急召杨锐觐见，并下密诏说太后不要全面变法，自己权力不够大，很难和太后抗衡，还表达了自己的帝位有可能不保的想法。同时要杨锐和其他维新人士想办法，既能继续改革，又不违背太后的旨意。

杨锐认为，皇帝和太后的矛盾根本原因是康有为引起的，应该尽快和康有为脱离关系。事后，杨锐又说服林旭接受自己的意见，光绪皇帝也召见了林旭。很快，光绪皇帝下诏催促康有为尽快离开北京。林旭也找到康有为，转告了光绪皇帝的口头谕旨，说让康有为离京实属迫不得已，离京后一定要保重身体，以便将来更好地做事，不要辜负皇恩，等等。

此时的康有为，面对如此急迫的催促，并不知道朝廷中到底发生了什么事情。而当时社会上也在盛传荣禄将在 9 月份的天津阅兵时废黜皇帝的说法。于是他赶紧召集谭嗣同、梁启超、杨深秀、康广仁和袁世凯的重要下属徐世昌商议对策。他们分析后认为，光绪皇帝的处境已经很危险，当即抱头痛哭，并决定不惜生命营救皇上，而且把慈禧太后当成了敌人。

要营救皇上，就要有军队。康有为设想一方面拉拢军队，一方面让会党想办法控制住慈禧太后，强迫她同意继续变法，如果拒绝，就把她废黜。康有为的设想得到了梁启超等人的赞同，并派谭嗣同拜访袁世凯，请他出兵救驾。

袁世凯曾经非常亲近维新人士，参加过强学会，当时属于荣禄管辖。康有为自以为对他有一定了解，也设想一旦需要，可以依靠袁世凯的军事力量，于是就上书保举袁世凯，称他是中国军队中出类拔萃的人才。

袁世凯

1898 年 9 月 16 日，光绪皇帝召见了袁世凯，让他继续专职训练新军，还提升了他的官职，并且指示他可以和荣禄各做各的事，也就是暗示他可以不听荣禄的调遣。9 月 18 日晚上，谭嗣同乘着夜深人静、无人注意之时，来到袁世凯的住地法华寺，悄悄拜访了袁世凯。

谭嗣同一见到袁世凯就开门见山地问："你认为当今皇上怎么样？"

袁世凯答："当然是古往今来最圣明的皇帝。"

谭嗣同又问："天津阅兵的阴谋你知道吗？"

袁世凯答:"听说了。"

谭嗣同就拿出光绪密诏,说:"现在可以救圣明的皇上的人,只有阁下你了,救皇上要赶快行动。"又用手摸着自己的脖子说:"你如果不救也行,现在就把我抓去颐和园自首,再把我杀了,你就可以得到富贵了。"

袁世凯凛然答道:"你把我袁某当作什么人了?圣明的皇上是我们共同的主人,我和你都得到皇上的恩宠,救皇上的责任,不只你有,你有什么要求就请说。"

谭嗣同说:"荣禄秘密策划阴谋,想在天津阅兵时动手。你和董福祥、聂士成3位将军都听命于荣禄,肯定可以干大事。当然,董、聂不算什么人物,天下只有你袁世凯称得上英雄。如果发生变故,你可以带兵抵御董、聂两支军队,保护皇上,恢复大权,清除皇帝身边的小人,肃清宫廷,那真是不朽的业绩啊!"

袁世凯回答说:"如果皇上阅兵时下令诛杀奸贼,我必定跟随你们一起拼死救皇上。"

谭嗣同又问:"荣禄平时十分看重你,你会怎样对待他?"

袁世凯笑笑，没有回答。

谭嗣同又说："荣禄好比曹操、王莽，是当今奸雄，恐怕不好对付。"

袁世凯对谭嗣同怒目而视说："如果皇上在我的军营里，那么杀荣禄就像踩死一只蚂蚁那么简单！"

最终，袁世凯也没有明确答应救皇上，但是应允做一定的准备。谭嗣同于是离开法华寺，去向康有为等人汇报。在这种情况下，康有为无计可施，只能选择离开北京。反正光绪皇帝已经催他去上海办报，这也是一种合理的理由。9月20日上午，袁世凯向光绪皇帝谢恩后，下午回到天津就直奔荣禄的总督衙门，可是，还没说什么话，就有人来拜见荣禄，他只好起身告辞说次日再来。第二天袁世凯再去拜见荣禄，当时李鸿章的亲家杨崇伊也在荣禄的总督衙门，带来了慈禧太后"训政"的消息。这时，袁世凯更害怕康有为等人把他和谭嗣同会面的事情揭发出来会危及自己，便急忙将维新派的计划报告给了荣禄。

3. 戊戌政变

慈禧太后本来就对维新变法不放心，在维新派设法自保的同时，她也没有闲着。此外，除了怀塔布等人进谗言、离间她和光绪皇帝的关系外，还有一个叫立山的官员竟然在她面前造谣说，光绪皇上曾派太监到外国使馆要求把她废掉。

慈禧最怕外国列强强迫自己下台，因此她听后非常生气，打定主意要拿下光绪。与此同时，光绪皇帝召见袁世凯的事情也使慈禧很不放心，她也担心维新派会利用光绪皇帝重用袁世凯抗衡自己。

要废黜光绪皇帝，理由还算充足，但是，还没有比较恰当的时机下手。恰恰就在这时，一个顽固的守旧派官员——李鸿章的亲家杨崇伊，上了一道密折给慈禧，极力造谣、中伤康有为等维新派，还说如果日本人伊藤博文受重用，大清王朝就将被外国人把持了。他在密折中请慈禧太后恢复"训政"。

伊藤博文何许人也？伊藤博文曾四任日本首相，就是他在甲午战争后，以强硬的态度迫使李鸿章签署了丧权辱国的《马关条约》。这个人在日本有很大的影响。此时他来到了中国，目的不为外界所知，因而引起了许多猜测。

他先在天津拜访了荣禄，可是荣禄对他的来访充满戒备，因为当时有官员上书建议皇帝任用外国人进行改革，而且有谣言说，伊藤博文是康有为勾引来的。光绪皇帝也正好在这个时候拍电报问伊藤博文能否在天津多待几天，伊藤博文则回应可以待两个星期，这表明光绪皇帝对伊藤博文是感兴趣的，印证了光绪有可能任命伊藤博文为顾问官的流言。

在伊藤博文到达

慈禧太后

北京后，康有为又拜访了他。伊藤博文问康有为，一直听说中国要进行改革，怎么没见什么动静啊？为什么？康有为回答说，因为慈禧太后的阻挠，光绪帝没有实权，再加上一些守旧官员的反对，所以改革效果不明显。他希望伊藤博文能劝说慈禧太后支持改革。

伊藤博文满口答应在有机会谒见太后时进行劝说。结果，他们的见面和光绪皇帝将要接见伊藤博文的消息也被慈禧得知，慈禧很害怕外国势力进入中国的政治领域，就赶忙从平时居住的颐和园返回故宫，以便监视光绪皇帝和伊藤博文的活动。

9月20日上午，光绪皇帝接见了袁世凯后，下午就会见了伊藤博文，而慈禧太后就在门帘后边进行监听。所以，光绪皇帝和伊藤博文的会见并没谈论什么重要的问题，很快就结束了。尽管如此，这件事还是进一步促使慈禧发动政变，阻止变法。

9月21日，慈禧召集起一班王公大臣，当着他们的面严厉训斥了光绪皇帝。光绪皇帝诺诺连声，不敢抗辩。在慈禧的逼迫下，光绪皇帝连下两道谕旨：一是宣布太后"训政"，二是捉拿康有为、康广仁兄弟。光绪皇帝也被慈禧太后软禁到了北京南海里的瀛台。

在此之后，杨崇伊到了天津，把太后"训政"的消息告诉了荣禄。荣禄又把袁世凯报告的维新派的计划告诉了杨崇伊，杨崇伊回到北京再向慈禧汇报。9月24日，慈禧下令缉拿谭嗣同、杨锐、刘光第、林旭，另一位积极参与维新变法并上书请求慈禧"撤帘归政"的维

历史掌故

安重根刺杀伊藤博文

伊藤博文是推动日本登上东亚头号强国的首脑人物，也是日本吞并朝鲜半岛、侵略中国的主谋。他担任日本首相期间，策划并发动了日本对朝鲜的侵略和中日甲午战争，战胜后代表日本逼迫中国签订了《马关条约》。1909年10月，为解决日俄争端，伊藤博文赴中国东北与沙俄谈判，当他乘坐的火车在10月26日9时抵达哈尔滨车站时，被致力于朝鲜独立的朝鲜义士安重根开枪击毙。射杀伊藤博文后，安重根并未逃走，而是高擎一面用鲜血书写的"独立自由"字样的朝鲜国旗，对围观的众人高呼"朝鲜独立万岁"，大义凛然。后来，俄国人将安重根引渡给日本政府，安重根于1910年3月26日英勇就义。

新派官员杨深秀也被捕。慈禧还把其他维新派官员一一撤职，换上她的亲信，并大肆捉拿、捕杀维新派人士。此外，慈禧还废除了所有的变法措施，恢复旧法，只保留了京师大学堂。

就这样，历时103天的"百日维新"彻底地失败了。慈禧太后开始了再次"垂帘听政"。

4. 康梁出逃

谭嗣同从法华寺回到康有为居住的南海会馆，向康有为、梁启超说明了袁世凯模棱两可的态度，也就是说袁世凯不会马上起兵勤王，但可以做些准备。这一消息让康有为感到绝望，他当即决定按照光绪皇帝的谕旨所说去上海办报。

20日拂晓，康有为离开北京，当晚抵达天津塘沽。次日，康有为在英国人的保护下，从天津登上英国太古公司的"重庆"号轮船，途中在烟台短暂停留，然后经上海到香港，再转赴日本。这时，已经在日本从事推翻清政府革命活动的孙中山等人，并没有因为康有为、梁启超的改良主张和自己的革命主张不同而袖手旁观。他们伸出了救援之手，利用自己和日本友人的关系，积极说动宫崎寅藏、平山周等人，想方设法营救康、梁和其他维新派人士。

清政府的爪牙获悉了康有为的行踪，立刻在上海布下天罗地网，要搜查每一艘船只，并悬下重赏，令官兵手拿康有为的照片，在码头等候捉拿康有为。清朝官员还要求到"重庆"号上搜查。

就在这紧要关头，一艘停靠在上海港的英国军舰，按照英国政府的命令悄悄开往吴淞口外停泊等候。看到"重庆"号轮船越来越近，英国军舰派出一只小艇向"重庆"号轮船开去，在接近"重庆"号时，没等船上的人反应过来，小船上已有两名士兵跃身而起，快速攀登上"重庆"号，找到了康有为，并立即把他转移到军舰上。康有为这才得以在英国人的严密保护下，平安抵达香港，并在宫崎寅藏的陪同下，乘日轮"河内"号去了日本。康有为到达日本港口神户时，平山周等人又亲自来迎接，随后转乘火车到达日本首都东京，与已到日本的梁启超会合后，师徒二人继续从事政治活动。

梁启超由于一向有联合日本、抵制俄国的思想，所以在危急关头就去了日本驻华使馆，请求保护。不久，积极支持孙中山反清革命活动的日本人——平山周到达达北京，在日本驻华使馆见到梁启超，并让他剃掉头发，穿上日本的和服，然后和使馆的其他日本人一起将梁启超护送至塘沽，乘坐开往日本的航船，才总算摆脱了荣禄派来抓捕的追兵。

梁启超逃到日本后，于 1898 年 12 月在日本横滨创办了《清议报》，自己任主笔，继续改良主义的宣传，成为继《时务报》后的又一大报纸。同时，他还在不到两个月的时间里，写了《戊戌政变记》和《光绪圣德记》两本书，对戊戌维新变法的前因后果进行了思考和探索。另外，平山周曾经想促成同在日本的孙中山和康、梁师徒的合作，但终因两派对中国前途的看法相差太远而没有成功。

康有为与梁启超虽然都有惊无险地逃到了日本，但清政府没有放过他们的家人。10月初，清军包围了梁启超的家乡，捉拿他的族人，并搜刮财物。许多族人都四散奔走逃难，其中有一个孕妇，竟被吓得流产而死。接着，康有为的老家也被查抄，附近百姓为避免灾祸，纷纷外逃。康有为曾经讲学的万木草堂也被查封。

第五章

V 慷慨悲歌

1. 六君子被捕

慈禧太后发动的戊戌政变摧毁了维新变法活动。在政变过程中，谭嗣同、杨锐、刘光第、林旭、杨深秀和康广仁先后被捕，后来又被一起杀害，历史上称他们为"戊戌六君子"。

9月21日，梁启超找到谭嗣同商量下一步怎么办，这时传来了慈禧"训政"的消息。商量的结果，两人都同意先去找支持维新变法的英国传教士李提摩太，请他去向英国公使求助。李提摩太答应了二人的请求，还建议让中国第一个留学美国并且已加入了美国籍的容闳去

找美国驻华公使，请英美两国公使共同出面保护光绪皇帝。之后，梁启超去了日本驻华使馆，请日方想办法救护康有为。

康有为、梁启超都走后，谭嗣同回到自己的住处浏阳会馆，开始做最后的准备。他先是整理了自己的诗歌、文章、文件，把认为该保留的放进一个小竹箱里，然后把认为有可能牵连亲朋好友的信件全部烧毁。谭嗣同只留下了他父亲给他的几封信，因为他父亲并不赞同他参与变法，所以他希望这几封信被清政府看到，从而放过他的家人与族人。

9月22日，谭嗣同带着那个小竹箱来到日本使馆，面见梁启超。他这么做的目的，一方面是催促梁启超赶快离开中国，尽早脱离危险，另一方面是把小竹箱交给梁启超，托他保存。

见面后，梁启超极力劝说谭嗣同和他一起离开中国。谭嗣同则说："如果现在没有人离开，那么将来就没有人继续变法事业；如果没有人牺牲，就无法报答光绪皇帝的知遇之恩。"

使馆中的日本人也有人劝谭嗣同到日本避难。对此，谭嗣同这样回答："从古至今，地球上许多国家，凡是为了人民利益变法的，必定会流血；而我国两百年来，还没有为了人民利益变法而流血的。如果有，就从我谭嗣同开始吧！"

梁启超太了解这位好友、战友和兄长的性格，知道再多说也没用。于是，两个人在紧紧拥抱后，各道珍重，就此告别。

辞别了梁启超，谭嗣同去看望林旭。在林旭的住所，林旭问谭嗣同："你走不走？"谭嗣同回答说："我不走。"林旭接着说："我也不走。"

（从上到下）谭嗣同、杨锐、杨深秀

　　林旭本来也是有机会可以逃生的。政变的消息传来后，林旭一个在使馆工作的朋友劝他到使馆躲避，但被他婉言谢绝了。他与谭嗣同，就像已经约好的准备同生死、共命运。

　　和林旭告别后，谭嗣同又去拜望了支持维新变法的长辈官员徐致靖。席间，谭嗣同对他说："维新变法失败了，梁（启超）先生会由日本使馆护送到天津，从海上到日本避难。但是贼党追捕康（有为）先生很急迫，吉凶很难预料。"

　　徐致靖就问谭嗣同："你打算怎么办？"谭嗣同用筷子敲了一下头，回答说："小侄已经准备好

（从上到下）刘光第、林旭、康广仁

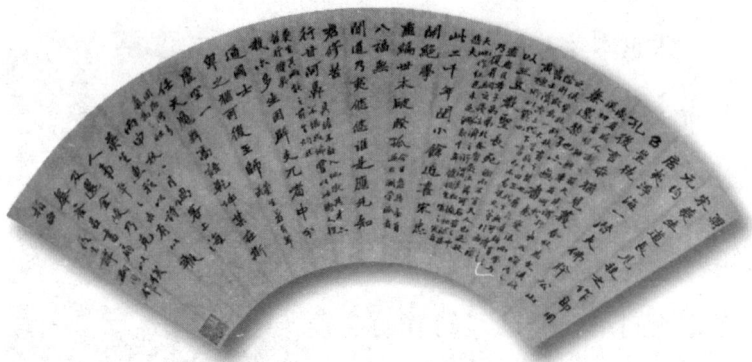

谭嗣同《楷书酬宋燕生七言律诗扇面》

这个了，变法都要流血，中国就从我谭某开始吧！"后来，有幸活下来的徐致靖总是对人说："谭先生临危不惧，谈笑风生，真豪杰也！"

拜别了徐致靖，谭嗣同回到住所。他的武术师傅、当时京城赫赫有名的镖头大刀王五来和他谋划营救光绪皇帝的事，但因为清军戒备极严，只好作罢。王五对谭嗣同说："你如果走，我王五保证你平安无事；如果你不走被杀了，我来给你收尸，你做个决定吧！"谭嗣同坚定地说："不就是死吗？干吗要走？"随后，谭嗣同摘下佩戴的宝剑，递给王五说："你我相交多年，这把宝剑留给你做个纪念吧！"王五接过宝剑，含泪而别。谭嗣同留在住所，静静等待抓捕自己的人。

9月24日清晨，清兵来到谭嗣同的住所，这时他已起床，就对官兵说："我知道你们干什么来了！"然后从容地和来抓他的官兵一道上车，被押往刑部牢房。

就这样，这个逃生机会比谁都多的人，为了心中的理想，选择了常人难以理解的方式，慷慨赴义——这是何等的肝胆！

和谭嗣同几乎同时被捕的有杨锐、林旭，刘光第则是在知道消息后主动投案的。在此之前，被捕入狱的还有康广仁和杨深秀。

2. 我自横刀向天笑

谭嗣同出身封建官僚家庭。父亲谭继洵曾任湖广总督，一直希望他多读诗书，光宗耀祖，不仅反对他参与维新变法，甚至骂他不忠不孝。可是谭嗣同不喜欢写八股文，也反感科举考试，相反，他为人侠义，好交朋友，擅长剑术。

在拜大刀王五为师傅后，武艺更是大进。他还喜欢谈论兵法，诗文水平也很高，他的名著《仁学》就是不朽之作。而他最为脍炙人口的诗歌，是在被捕入狱后写成的《绝命诗》：

> 望门投止思张俭，忍死须臾待杜根。
> 我自横刀向天笑，去留肝胆两昆仑。

诗中第一句用了一个历史典故。

张俭是东汉桓帝时期的一个监察官员。当时有个名叫侯览的宦官专权，他的家人也仗势横行乡里，欺压百姓，劣迹斑斑。张俭维护正义，向皇帝检举侯览家人的恶行，但检举信被侯览扣押，没能送到皇帝手中，张俭也因此和侯览结了仇。后来，侯览指使小人诬陷张俭，说他结党营私，并下令缉拿张俭。张俭只好逃亡，途中遇上人家就请求住宿。很多人都敬重张俭的名声，不怕牵连自己，义无反顾地留他住宿。后来，人们就把这种在逃亡、出奔途中，匆忙留宿的情况称作"望门投止"。

诗中第二句用了另外一个历史典故。

杜根是东汉安帝时期的官员。那时，邓太后掌权，

谭嗣同著述《仁学》

专横跋扈。杜根认为安帝长大了，邓太后应该把权力归还皇帝，这就惹恼了邓太后，于是她令人把杜根装在袋子里，在大殿上摔死。但是，执行命令的官员很敬重杜根的品行，没有用力摔他，然后用车把他运出城，杜根有了逃命的机会。后来，杜根在酒店里当了15年伙计，邓太后死后，他又恢复了官职。

谭嗣同在诗中引用这两个典故，是他认为康有为、梁启超会在人们的帮助下成功逃亡，以后也必然会东山再起。

诗中第三句比较好理解，人们仿佛可以从中看到，一个英雄手持大刀仰天大笑，充满了豪迈之气。

不好理解的是第四句中的"两昆仑"，在很长一段时间里，人们看法不一，"两昆仑"到底指什么？

现在大多数学者都认为，诗中的"去"字指康有为、梁启超，他们保存了宝贵的生命，为继续变法积蓄了力量，将承担更大的历史重担，就好比巍峨的昆仑，巍然

历史掌故

杨深秀的绝命诗

除谭嗣同外，戊戌六君子中的杨深秀与林旭也留下了绝命诗，特别是杨深秀，他入狱后先后写下了3首绝命诗，其一为：

久拼生死一毛轻，臣罪偏由积毁成。

自晓龙逢非俊物，何尝虎会敢徒行。

圣人岂有胸中气，下士空思身后名。

缧绁到头真不怨，未知谁复请长缨。

爱国诗人刘光第

戊戌六君子都是饱学之士，单论诗学，以刘光第成就最高。他在入狱前写了很多爱国诗篇和大量山水纪游诗，成就很高，其中《梦中》一诗写道：

梦中失叫惊妻子，横海楼船战广州。

五色花旗犹照眼，一灯红穗正垂头。

宗臣有说持边衅，寒女何心泣国仇。

自笑书生最迂阔，壮心飞到海南陬。

矗立；而诗中的"留"字指谭嗣同自己，他将牺牲无价的生命，去唤醒后人继承变法事业，也像巍巍昆仑，浩气长存。"肝胆"则是肝胆相照的意思。

总之，谭嗣同这位能文能武的一代英豪，为了国家的富强和兴旺，几次放弃了逃命的机会，把生命献给了自己的祖国。

他的英雄事迹和豪迈气概必将激励着一代又一代中华儿女，奋发图强，奋勇前进，推动祖国的发展进步。

3. 喋血菜市口

慈禧太后发动戊戌政变，令守旧派大喜过望，同时迫不及待地开始了反攻倒算。"六君子"被捕后，一些守旧官员纷纷上书，要求严惩维新派。有的极力谩骂诋毁；有的说要全面捉拿维新派，终止变法；有的说要尽快缉捕康有为、梁启超，尽快惩办已被拿获的人。

就在这些守旧大臣的一再催请之下，慈禧太后最终下定了杀害"六君子"的决心。9月28日，慈禧颁布上

油画《菜市口 1898》，崔小冬 2012 年作

谕："康广仁、杨深秀、杨锐、刘光第、林旭、谭嗣同等大逆不道，著即处斩，派刚毅监视，步军统领衙门派兵弹压。"朝廷要犯未经过审讯就被批斩，足见慈禧等人对维新派的恨意和恐惧有多深。

清朝时，国都北京处斩犯人的地点是菜市口。它位于今北京市宣武门外，是知名度很高的地方，原因就是这里曾经是清代处决犯人的刑场。然而，明朝时这里确曾是京城最大的菜市场，老百姓都到这儿来买菜，原本叫菜市街，清代改为菜市口。明代的刑场，则是西四牌楼（也叫西市）。

清王朝把处决犯人的刑场从西四牌楼迁到菜市口，就是看中了这里车水马龙，人员辐辏，交通发达，在这里行刑，可以起到更大的杀一儆百的作用。

当时处决犯人的情况大体是：死囚在天亮前被推入囚车，经宣武门，走宣武门外大街到菜市口，囚犯由东往西排好，刽子手手执鬼头刀也依次排列，头被砍下来后，挂在或插在街中木桩子上示众。然后，尸体被人运走，血迹随即用黄土掩盖。

1861 年，慈禧勾结恭亲王奕䜣发动辛酉政变，罢免了咸丰皇帝临终前指定的顾命八大臣，并把其中之一的肃顺斩首于菜市口，成为"六君子"遇害前死在这里最有名的清朝人物。

27 年后，也就是 1898 年的 9 月 28 日，谭嗣同等 6 位志士被押赴菜市口刑场。此时的刑场戒备森严，如临大敌。刑场上表现最突出的还是谭嗣同，他在前往菜市口的途中，一路上在站笼中从容自若，面无惧色。监斩官则是慈禧的忠实爪牙刚毅。

就在谭嗣同走近刚毅时，他突然叫住刚毅，很轻蔑但也很严肃地示意还有话要说。刚毅扭过头，不予理睬，同时忙叫左右带走谭嗣同，示意快斩，与死囚无话可说，慌乱中还把案台上的朱笔都带落到地上。

谭嗣同向四周微笑一下，大步走向菜市口中央。他朝着刚毅的背影，大呼"有心杀贼，无力回天；死得其所，快哉快哉！"少顷，"六君子"先后被杀害，鲜血染红了菜市口的土地。

曾经轰轰烈烈的戊戌变法就这样失败了。这场变革

的结局是悲剧性的，变法参与者贬的贬，死的死，逃的逃。守旧派则弹冠相庆，兴高采烈，被裁撤的官员也大多官复原职。可是，就是在这些人的治理下，清政府又与列强签署了更多丧权辱国的不平等条约，中国的灾难更加深重……